Traité de l'histoire des guerres entre la France et
l'Allemagne

Traité de l'histoire des guerres entre la France et l'Allemagne

Ernest Renan
Emile Beaussire

Editions Le Mono
Collection «*Les Pages de l'Histoire* »

Connaître le passé peut servir de guide au présent et à l'avenir.

ISBN : 978-2-36659-444-7
EAN : 9782366594447

Pour qu'une guerre éclate, il faut qu'un État la veuille, et c'est lui qui en porte la responsabilité, lit-on dans le livre *Qui a voulu la guerre* ?[1] L'Europe a pu traverser des crises très graves sans qu'il en soit résulté de guerre, grâce aux volontés pacifiques qui réussirent à conjurer le danger. Si donc, la catastrophe s'est produite à plusieurs reprises, c'est que ces volontés, ou certaines d'entre elles, ont fléchi. Une question se pose alors : où s'est produit ce fléchissement et quelles en sont les causes ?

D'après le livre cité ci-dessus, des causes profondes et lointaines ont été à l'origine de la première guerre mondiale nourrie par les conditions démographiques, économiques et ethniques de l'époque. Les haines nationales et le patriotisme ont conduit les nations européennes (particulièrement la France et l'Allemagne) à la guerre. Les textes de ce traité

[1] Durkheim E. & Denis E., *Qui a voulu la guerre ? Les origines de la guerre d'après les documents diplomatiques*

présentent une analyse de l'histoire et de l'état de la situation ayant conduit à la guerre, à plusieurs reprises, entre la France et l'Allemagne; et permettent de comprendre l'origine profonde des grandes guerres.

La guerre entre la France et l'Allemagne

Traité historique[2]

Nous avons toujours regardé la guerre entre la France et l'Allemagne comme le plus grand malheur qui pût arriver à la civilisation. Tous, nous acceptons hautement les devoirs de la patrie, ses justes susceptibilités, ses espérances; tous, nous avons une pleine confiance dans les forces profondes du pays, dans cette élasticité qui déjà plus d'une fois a fait rebondir la France sous la pression du malheur; mais supposons les espérances permises de beaucoup dépassées, la guerre commencée n'en aura pas moins été un immense malheur. Elle aura semé une haine violente entre les deux portions de l'Europe dont l'union importait le plus au progrès de l'esprit humain.

---

[2] Par Ernest Renan (1823-1892).

La grande maîtresse de l'investigation savante, l'ingénieuse, vive et prompte initiatrice du monde à toute fine et délicate pensée, sont brouillées pour longtemps, à jamais peut-être ; chacune d'elles s'enfoncera dans ses défauts ; l'harmonie intellectuelle, morale, politique de l'humanité est rompue ; une aigre dissonance se mêlera au concert de la société européenne pendant des siècles. En effet, mettons dc côté les États-Unis d'Amérique, la grandeur intellectuelle et morale de l'Europe repose sur une triple alliance dont la rupture est un deuil pour le progrès, l'alliance entre la France, l'Allemagne et l'Angleterre. Unies, ces trois grandes forces conduiraient le monde et le conduiraient bien, entraînant nécessairement après elles les autres éléments, considérables encore, dont se compose le réseau européen ; elles traceraient surtout d'une façon impérieuse sa voie à une autre force qu'il ne faut ni exagérer ni trop rabaisser, la Russie. La Russie n'est un danger que si le reste de l'Europe l'abandonne à la fausse idée d'une originalité qu'elle n'a peut-être pas, et lui permet de réunir en un faisceau les peuplades barbares du centre de l'Asie, peuplades tout à fait impuissantes par elles-mêmes, mais capables de discipline et fort susceptibles, si l'on n'y prend garde, de se grouper autour d'un Gengiskhan moscovite. Les États-Unis ne sont un danger que si la division de l'Europe leur permet de se laisser aller aux fumées d'une jeunesse présomptueuse et à de vieux ressentiments contre la mère-patrie. Avec l'union de la France, de l'Angleterre et de l'Allemagne, le vieux continent gardait son équilibre, maîtrisait puissamment le nouveau, tenait en tutelle ce vaste monde oriental auquel il serait malsain de laisser concevoir des espérances exagérées. — Ce n'était là qu'un rêve. Un jour a suffi pour renverser l'édifice où s'abritaient nos espérances, pour ouvrir le monde à tous les dangers, à toutes les convoitises, à toutes les brutalités.

Dans cette situation, dont nous ne sommes en rien responsables, le devoir de tout esprit philosophique est de faire taire son émotion et d'étudier, d'une pensée froide et claire, les causes du mal, pour tâcher d'entrevoir la manière dont il est possible de l'atténuer. La paix se fera entre la France et l'Allemagne. L'extermination n'a qu'un temps ; elle trouve sa fin, comme les maladies contagieuses, dans ses ravages mêmes, comme la flamme, dans la destruction de l'objet qui lui servait d'aliment. J'ai lu, je ne sais où, la parabole de deux frères qui, du temps de Caïn et d'Abel sans doute, en vinrent à sa haïr et résolurent de se battre jusqu'à ce qu'ils ne fussent plus frères. Quand, épuisés, ils tombèrent tous deux sur le sol, ils se trouvèrent encore frères, voisins, tributaires du même puits, riverains du même ruisseau.

On risquerait fort de se tromper, si l'on voulait parler de la paix provisoire ou plutôt de l'armistice qui se conclura dans quelques semaines ou quelques mois. Nous ne parlons ici que du règlement de compte qui interviendra un jour pour le bien du monde entre les deux grandes nations de l'Europe. Pour se former une idée à cet égard, il faut d'abord bien connaître de quelle façon l'Allemagne est arrivée à concevoir l'idée de sa propre nationalité.

I

La loi du développement historique de l'Allemagne ne ressemble en rien à celle de la France ; la destinée de l'Allemagne au contraire est à beaucoup d'égards semblable à celle de l'Italie. Fondatrice du vieil empire romain, dépositaire jalouse de ses traditions, l'Italie n'a jamais pu devenir une nation comme les autres. Succédant à l'empire romain, fondatrice du nouvel empire carlovingien, se prétendant dépositaire d'un pouvoir universel, d'un droit plus que national, l'Allemagne était arrivée jusqu'à ces dernières années sans être un peuple. L'empire romain et la papauté, qui en fut la suite, avaient perdu l'Italie. L'empire carlovingien faillit perdre l'Allemagne. L'empereur germanique ne fut pas plus capable de faire l'unité de la nation allemande que le pape de faire celle de l'Italie. On n'est maître chez soi que quand on n'a aucune prétention à régner hors de chez soi. Tout pays qui arrive à exercer une primauté politique, intellectuelles religieuse, sur les autres peuples, l'expie par la perte de son existence nationale durant des siècles.

Il n'en fut pas de même de la France. Dès le 10ᵉ siècle, la France se retire bien nettement de l'empire. Les deux joyaux du monde occidental, la couronne impériale et la tiare papale, elle les perd pour son bonheur. A partir de la mort de Charles le Gros, l'empire devient exclusivement l'apanage des Allemands ; aucun roi de France n'est plus empereur d'Occident. D'autre part, la papauté devient la propriété de l'Italie. La *Francia*, telle que l'avait faite le traité de Verdun, est privilégiée justement à cause de ce qui lui manque : elle n'a ni l'empire, ni la papauté, les deux choses universelles qui troublent perpétuellement le pays qui les possède, dans l'œuvre de sa concrétion intime. Dès le Xe siècle, la *Francia* est toute nationale, et en effet dans la seconde moitié de ce siècle elle substitue au Carlovingien, lourd Allemand qui la défend mal, une famille encore germanique sans doute, mais bien réellement mariée avec le sol, la famille des ducs de France, qui a un domaine propre, et non pas seulement, comme les Carlovingiens, un titre abstrait. Dès lors commence autour de Paris cette admirable marche du développement national, qui aboutit à Louis XIV, à la révolution, et dont le XIXe siècle pourra voir, s'il n'y prend garde, la contrepartie, par suite de la triste loi qui condamne les choses humaines à entrer dans la voie de la décadence et de la destruction dès qu'elles sont achevées.

L'idée de former une nationalité compacte ; n'avait jamais été, jusqu'à la révolution française, l'idée de l'Allemagne. Cette grande race allemande porte bien plus loin que la France le goût des indépendances provinciales ; la chance de guerres que nous appellerions civiles entre des parties de la même famille nationale ne l'effraie pas. Elle ne veut pas de l'unité ; pour elle-même, elle la veut uniquement par crainte de l'étranger ; elle tient par-dessus tout à la liberté de ses divisions intérieures. Ce fut là ce qui lui permit de faire la plus belle chose des temps modernes, la réforme luthérienne, chose, selon nous, supérieure à la philosophie et à la révolution, œuvres de la France, et qui me le cède qu'à la renaissance, œuvre de l'Italie ; mais on a toujours les défauts de ses qualités. Depuis la chute des Hohenstaufen, la politique générale de l'Allemagne fut indécise, faible, empreinte d'une sorte de gaucherie ; à la suite de la guerre de trente ans, la conscience d'une patrie allemande existe à peine. La royauté française abusa de ce pitoyable état politique d'une grande race. Elle fit ce qu'elle n'avait jamais fait, elle sortit de son programme, qui était de ne s'assimiler que des pays de langue française ; elle s'empara de l'Alsace. Le temps a légitimé cette conquête, puisque l'Alsace a pris ensuite une part si brillante aux grandes œuvres communes de la France.

La révolution française fut, à vrai dire, le fait générateur de l'idée de l'unité allemande. La révolution répondait en un sens au vœu des meilleurs esprits de l'Allemagne ; mais ils s'en dégoûtèrent vite. L'Allemagne resta légitimiste et féodale ; sa conduite ne fut qu'une série d'hésitations, de malentendus, de fautes. La conduite de la France fut d'une suprême inconséquence. Elle qui élevait dans le monde le drapeau du droit national viola, dans l'ivresse de ses victoires, toutes les nationalités. L'Allemagne fut foulée aux pieds des chevaux ; le génie allemand, qui se développait alors d'une façon si merveilleuse, fut méconnu ; sa valeur sérieuse ne fut pas comprise des esprits bornés qui formaient l'élite intellectuelle du temps de l'empire ; la conduite de Napoléon à l'égard des pays germaniques fut un tissu d'étourderies. Ce grandi capitaine, cet éminent organisateur, était dénué des principes les plus élémentaires en fait de politique extérieure. Son idée d'une domination universelle de la France était folle, puisqu'il est bien établi que toute tentative d'hégémonie d'une nation européenne provoque, par une réaction nécessaire, une coalition de tous les autres états, coalition dont l'Angleterre, gardienne de l'équilibre, est toujours le centre de formation. Une nation ne prend d'ordinaire la pleine notion d'elle-même que sous la pression de l'étranger. La France existait avant Jeanne d'Arc et Charles VII ; cependant c'est sous le poids de la domination anglaise que le mot de *France* prend un accent particulier. Un *moi*, pour prendre le langage de la philosophie, se crée toujours en opposition avec un autre *moi*. La France fit de la sorte l'Allemagne comme nation. La plaie avait été trop visible. Une nation dans la pleine floraison de son génie et au plus haut point de sa force morale avait été livrée sans défense à un adversaire moins intelligent et moins moral par les misérables divisions de ses petits princes, et faute d'un drapeau central. L'Autriche, ensemble à peine allemand, introduisant dans le corps germanique une foule d'éléments non germaniques, trahissait sans cesse la cause allemande et en sacrifiait les intérêts à ses combinaisons dynastiques. Un point de renaissance parut alors, ce fut la Prusse de Frédéric. Formation récente dans le corps germanique, la Prusse en recelait toute la force effective. Par le fond de sa population, elle était plus slave que germanique ; mais ce n'était point là un inconvénient, tout au contraire. Ce sont presque toujours ainsi des pays mixtes et limitrophes qui font l'unité politique d'une race : qu'on se rappelle le rôle de la Macédoine en Grèce, du Piémont en Italie. La réaction de la Prusse contre l'oppression de l'empire français fut très belle. On sait comment le génie de Stein tira de l'abaissement même la condition de la force, et comment l'organisation de l'armée prussienne, point de départ de l'Allemagne nouvelle, fut la conséquence directe de la bataille d'Iéna. Avec sa présomption habituelle et son inintelligence de la race germanique, Napoléon ne vit rien de tout cela. La bataille de Leipzig fut le signal d'une résurrection. De ce jour-là, il fut clair qu'une puissance nouvelle de premier ordre faisait son entrée dans le monde. Au fond, la révolution et l'empire n'avaient rien compris à l'Allemagne, comme l'Allemagne n'avait rien compris à la France. Les grands esprits germaniques avaient pu saluer avec enthousiasme l'œuvre de la révolution, parce que les principes de ce mouvement à l'origine étaient les leurs, ou plutôt ceux du XVIIIe siècle tout entier ; mais cette basse démocratie terroriste, se transformant en despotisme militaire et en instrument d'asservissement pour tous les peuples, les remplit d'horreur. Par réaction, l'Allemagne éclairée se montra en quelque sorte affamée d'ancien régime. La révolution française trouvait l'obstacle qui devait l'arrêter dans la féodalité organisée de la Prusse, de là Poméranie, du Holstein, c'est-à-dire dans ce fonds de populations antidémocratiques au premier chef des bords de la Baltique, populations fidèles à la légitimité, acceptant d'être menées, bâtonnées, servant bien quand elles sont bien commandées, ayant à leur tête une petite noblesse de village forte de toute la force que donnent les préjugés et l'esprit étroit. La vraie résistance continentale à la révolution et à l'empire vint de cette Vendée du nord ; c'est là que le gentilhomme campagnard, chez nous couvert de ridicule par la haute noblesse, la cour, la bourgeoisie, le peuple même, prit sa revanche sur la démocratie française, et prépara sourdement, sans bruit, sans plébiscites, sans journaux, l'étonnante apparition qui depuis quelques années vient de se dérouler devant nous.

La nécessité qui sous la restauration obligea la France à renoncer à toute ambition extérieure, la sage politique qui sous Louis-Philippe rassura l'Europe, éloignèrent quelque temps le danger que recelait pour la France sortie de la révolution cette anti-France de la Baltique, qui est la négation totale de nos principes les plus arrêtés. La France de ce temps songea peu à l'Allemagne. L'activité était tournée vers l'intérieur, et non vers les agrandissements du dehors. On avait mille fois raison. La France est assez grande ; sa mission ne consiste pas à s'adjoindre des pays étrangers, elle consiste à offrir chez elle un de ces brillants développements dont elle est si capable, à montrer la réalisation prospère du système démocratique qu'elle a proclamé, et dont la possibilité n'a pas été jusqu'ici bien prouvée. Qu'un pays de 17 ou 18 millions d'habitants (à l'époque), joue le tout pour le tout, et sorte, même au prix des plus grands hasards, d'une situation qui le laissait flotter entre les grands et les petits états, cela est naturel ; mais un pays de 30 ou 40 millions d'habitants a tout ce qu'il faut pour être une grande nation. Que les frontières de la France aient été assez mal faites en 1815, cela est possible ; mais, si l'on excepte quelques mauvais contours du côté de la Sarre et du Palatinat, qui furent tracés, à ce qu'il semble, sous le coup de chétives préoccupations militaires, le reste me paraît bien. Les pays flamands sont plus germaniques que français ; les pays wallons ont été empêchés de s'agglutiner au conglomérat français par des aventures historiques qui n'ont rien de fortuit ; cela tint au profond esprit municipal qui rendit la royauté française insupportable à ces pays. Il en faut dire autant de Genève et de la Suisse romande ; on peut ajouter que grande est l'utilité de ces petits pays français, séparés politiquement de la France ; ils servent d'asile aux émigrés de nos dissensions intestines, et en temps de despotisme ils servent de refuge à une pensée libre.

La Prusse rhénane et le Palatinat sont des pays autrefois celtiques, mais profondément germanisés depuis deux mille ans. Si l'on excepte quelques vallées séparées de la France en 1815 par des préoccupations militaires, la France n'a donc pas un pouce de terre à désirer. L'Angleterre et l'Ecosse n'ont en surface que les deux cinquièmes de la France, et pourtant l'Angleterre est-elle obligée de songer à des conquêtes territoriales pour être grande ?

Le sort de l'année 1848 fut, en cette question comme en toutes les autres, de soulever des problèmes qu'elle ne put résoudre, et qui reçurent au bout d'un ou deux ans des solutions diamétralement opposées à celles que voulurent les partis alors dominants. La question de l'unité allemande fut posée avec éclat; selon la mode du temps, on crut tout arranger par une assemblée constituante. Ces efforts aboutirent à un éclatant échec.

Pendant dix ans, les problèmes sommeillèrent, le patriotisme allemand sembla porter le deuil ; mais déjà un homme disait à ceux qui voulaient l'écouter : « Ces problèmes ne se résolvent pas comme vous croyez, par la libre adhésion des peuples ; ils se résolvent par le fer et le feu. »

L'empereur Napoléon III rompît la glace par la guerre d'Italie, ou plutôt par la conclusion de cette guerre, qui fut l'annexion à la France de la Savoie et de Nice. La première de ces deux annexions était assez naturelle ; de tous les pays de langue française non réunis à la France, la Savoie était le seul qui pût sans inconvénient nous être dévolu ; depuis que le duc de Savoie était devenu roi d'Italie, une telle dévolution était presque dans la force des choses. Et cependant cette annexion eut bien plus d'inconvénients que d'avantages. Elle interdit à la France ce qui fait sa vraie force, le droit d'alléguer une politique désintéressée et uniquement inspirée par l'amour des principes ; elle donna une idée exagérée des plans d'agrandissement de l'empereur Napoléon III, mécontenta l'Angleterre, éveilla les soupçons de l'Europe, provoqua les hardies initiatives de M. de Bismarck.

Il est clair que, s'il y eut jamais un mouvement légitime en histoire, c'est celui qui, depuis soixante ans, porte l'Allemagne à se former en une seule nationalité. Si quelqu'un en tout cas a le droit de s'en plaindre, ce n'est pas la France, puisque l'Allemagne n'a obéi à cette tendance qu'à notre exemple, et pour résister à l'oppression que la France fit peser sur elle au XVIIe siècle et sous l'empire. La France, ayant renoncé au principe de la légitimité, qui ne voyait dans telle ou telle agglomération de provinces en royaume ou en empire que la conséquence des mariages, des héritages, des conquêtes d'une dynastie, ne peut connaître qu'un seul principe de délimitation en géographie politique, je veux dire le principe des nationalités, impliquant la libre volonté des peuples de vivre ensemble, prouvée par des faits sérieux et efficaces. Pourquoi refuser à l'Allemagne le droit de faire chez elle ce que nous avons fait chez nous, ce que nous avons aidé l'Italie à faire ? N'est-il pas évident qu'une race dure, chaste, forte et grave comme la race germanique, une race placée au premier rang par les dons et le travail de l'esprit, une race peu portée vers le plaisir, tout entière livrée à ses rêves et aux jouissances de son imagination, voudrait jouer dans l'ordre des faits politiques un rôle proportionné à son importance intellectuelle ?

Le titre d'une nationalité, ce sont des hommes de génie, «gloires nationales», qui donnent aux sentiments de tel ou tel peuple une forme originale, et fournissent la grande matière de l'esprit national, quelque chose à aimer, à admirer, à vanter en commun. Dante, Pétrarque, les grands artistes de la renaissance ont été les vrais fondateurs de l'unité italienne. Goethe, Schiller, Kant, Herder, ont créé la patrie allemande. Vouloir s'opposer à une éclosion annoncée par tant de signes eût été aussi absurde que de vouloir s'opposer à la marée montante. Vouloir lui donner des conseils, lui tracer la manière dont nous eussions désiré qu'elle s'accomplît, était puéril. Ce mouvement s'accomplissait par défiance de nous ; lui indiquer une règle, c'était fournir à une conscience nationale, soupçonneuse et susceptible, un critérium sûr, et l'inviter clairement à faire le contre-pied de ce que nous lui demandions. Certes je suis le premier à reconnaître qu'à ce besoin d'unité dc la nation allemande il se mêla d'étranges excès. Le patriote allemand, comme le patriote italien, ne se détache pas facilement du vieux rôle universel de sa patrie.

Certains Italiens rêvent le *primato*; un très grand nombre d'Allemands rattachent leurs aspirations aux souvenirs du saint-empire, exerçant sur tout le monde européen une sorte de suzeraineté. Or la première condition d'un esprit national est de renoncer à toute prétention de rôle universel, le rôle universel étant destructeur de la nationalité. Plus d'une fois le patriotisme allemand s'est montré de la sorte injuste et partial. Ce théoricien de l'unité allemande qui soutient que l'Allemagne doit reprendre partout les débris de son vieil empire refuse d'écouter aucune raison quand on lui parle d'abandonner un pays aussi purement slave que le grand-duché de Posen. Le vrai, c'est que le principe des nationalités doit être entendu d'une façon large, sans subtilités. L'histoire a tracé les frontières des nations d'une manière qui n'est pas toujours la plus naturelle ; chaque nation a du trop, du trop peu ; il faut se tenir à ce que l'histoire a fait et au vœu des provinces, pour éviter d'impossibles analyses, d'inextricables difficultés.

Si la pensée de l'unité allemande était légitime, il était légitime aussi que cette unité se fît par la Prusse. Les tentatives parlementaires de Francfort ayant échoué, il ne restait que l'hégémonie de l'Autriche ou de la Prusse. L'Autriche renferme trop de Slaves, elle est trop antipathique à l'Allemagne protestante, elle a trop manqué durant des siècles à ses devoirs de puissance dirigeante en Allemagne, pour qu'elle pût être de nouveau appelée à jouer un rôle de ce genre. Si jamais au contraire il y eut une vocation historique bien marquée, ce fut celle de la Prusse depuis Frédéric le Grand. Il ne pouvait échapper à un esprit sagace que la Prusse était le centre d'un tourbillon ethnique nouveau, qu'elle jouait pour la nationalité allemande du nord le rôle du cœur dans l'embryon, sauf à être plus tard absorbée par l'Allemagne qu'elle aurait faite, comme nous voyons le Piémont absorbé par l'Italie. Un homme se trouva pour s'emparer de toutes ces tendances latentes, pour les représenter et leur donner avec une énergie sans égale une puissante réalisation.

M. de Bismarck voulut deux choses que le philosophe le plus sévère pourrait déclarer légitimes, si dans l'application le peu scrupuleux homme d'état n'avait montré que pour lui la force est synonyme de légitimité : d'abord chasser de la confédération germanique l'Autriche, corps plus qu'à demi étranger qui l'empêchait d'exister ; en second lieu grouper autour de la Prusse les membres de la patrie allemande que les hasards de l'histoire avaient dispersés. M. de Bismarck vit-il au-delà ? Son point de vue nécessairement borné d'homme pratique lui permit-il de soupçonner qu'un jour la Prusse serait absorbée par l'Allemagne et disparaîtrait en quelque sorte dans sa victoire, comme Rome finit d'exister en tant que ville le jour où elle eut achevé son œuvre d'unification ? Je l'ignore, car M. de Bismarck ne s'est pas jusqu'ici offert à l'analyse ; il ne s'y offrira peut-être jamais. Une des questions qu'un esprit curieux se pose le plus souvent, en réfléchissant sur l'histoire contemporaine, est de savoir si M. de Bismarck est philosophe, s'il voit la vanité de ce qu'il fait, tout en y travaillant avec ardeur, ou bien si c'est un croyant en politique, s'il est dupe de son œuvre, comme tous les esprits absolus, et n'en voit pas la caducité. J'incline vers la première hypothèse, car il me parait difficile qu'un esprit si complet ne soit pas critique, et ne mesure pas dans son action la plus ardente les limites et le côté faible de ses desseins. Quoiqu'il en soit, s'il voit dans l'avenir les impossibilités du parti qui consisterait à faire de l'Allemagne une Prusse agrandie, il se garde de le dire, car le fanatisme étroit du parti des hobereaux prussiens ne supporterait pas un moment la pensée que le but de ce qui se fait par la Prusse n'est pas de prussianiser toute l'Allemagne, plus tard le monde entier, au nom d'une sorte de mysticisme politique dont on semble vouloir se réserver le secret.

Les plans de M. de Bismarck furent élaborés dans la confidence et avec la pleine adhésion de l'empereur Napoléon III et du petit nombre de personnes qui partageaient le secret de ses desseins. Il est injuste de faire de cela un reproche à l'empereur Napoléon. C'est la France qui a élevé dans le monde le drapeau des nationalités ; toute nationalité qui naît et grandit devrait naître et grandir avec les encouragements de la France, et devenir pour elle une amie. La nationalité allemande étant une nécessité historique, la sagesse voulait qu'on ne se mît pas à la traverse. La bonne politique n'est pas de s'opposer à ce qui est inévitable ; la bonne politique est d'y servir et de s'en servir. Une grande Allemagne libérale, formée en pleine amitié avec la France, devenait une pièce capitale en Europe, et créait avec la France et l'Angleterre une invincible trinité, entraînant le monde, surtout la Russie, dans les voies du progrès par la raison. Il était donc souverainement désirable que l'unité allemande, venant à se réaliser, ne se fît pas malgré la France, bien au contraire se fît avec son assentiment. La France n'était pas obligée d'y contribuer, mais elle était obligée de ne pas s'y opposer ; il était même naturel de songer au bon vouloir de la jeune nation future, de se ménager de sa part quelque chose de ce sentiment profond que les États-Unis d'Amérique garderont encore longtemps à la France en souvenir de Lafayette. Était-il opportun de tirer profit des circonstances pour notre agrandissement territorial ? Non en principe, puisque de tels agrandissements sont à peu près inutiles. En quoi la France est-elle plus grande depuis l'adjonction de Nice et de la Savoie ? Cependant l'opinion publique superficielle attachant beaucoup de prix à ces agrandissements, on pouvait, à l'époque des tractations amicales, stipuler quelques cessions, pourvu qu'il fût bien entendu que ces agrandissements n'étaient pas le but de la négociation, que l'unique but de celle-ci était l'amitié de la France et de l'Allemagne. Pour répondre aux taquineries des hommes d'état de l'opposition et satisfaire à certaines exigences des militaires qui ont sans doute leur fondement, on pouvait, par exemple, stipuler avant la guerre la cession du Luxembourg et la rectification de la Sarre, auxquelles la Prusse eût probablement consenti alors. Je le répète, j'estime qu'il eût mieux valu ne rien demander : le Luxembourg ne nous eût pas apporté plus de force que la Savoie ou Nice. Quant aux contours stratégiques des frontières, combien une bonne politique eût été un meilleur rempart ! L'effet d'une bonne politique eût été que personne ne nous eût ; attaqués, ou que, si quelqu'un avait pris contre nous l'offensive, nous eussions été défendus par la sympathie de toute l'Europe. — Quoi qu'il en soit, on ne prit aucun parti : une indécision déplorable paralysa la plume de l'empereur Napoléon III, et Sadowa arriva sans que rien eût été convenu pour le lendemain. Cette bataille, qui, si l'on avait suivi une politique consistante, aurait pu être une victoire pour la France, devint ainsi une défaite, et huit jours après le gouvernement français prenait le deuil de l'événement auquel il avait plus que personne contribué.

A ce moment d'ailleurs entrèrent en scène deux éléments qui n'avaient eu aucune part aux conversations de Biarritz, l'opinion française et l'opinion prussienne exaltée. M. de Bismarck n'est pas la Prusse ; en dehors de lui existe un parti fanatique, absolu, tout d'une pièce, avec lequel il doit compter. M. de Bismarck par sa naissance appartient à ce parti ; mais il n'en a pas les préjugés. Pour se rendre maître de l'esprit du roi, faire taire ses scrupules et dominer les conseils étroits qui l'entourent, M. de Bismarck est obligé à des sacrifices. Après la victoire de Sadowa, le parti fanatique se trouva plus puissant que jamais ; toute transaction devint impossible. Ce qui arrivait à l'empereur Napoléon III arrivera, je le crains, à plusieurs de ceux qui auront des relations avec la Prusse. Cet esprit intraitable, cette roideur de caractère, cette fierté exagérée, seront la source de beaucoup de difficultés. — En France, l'empereur Napoléon III fut également débordé par l'opinion. L'opposition fut cette fois, ce qu'elle est trop souvent, superficielle et déclamatoire. Il était facile de montrer que la conduite du gouvernement avait été pleine d'imprévoyance et de tergiversations. Il est clair qu'à l'époque des ouvertures de M. de Bismarck il eût fallu ou refuser de l'écouter ou avoir un plan de conduite qu'on pût appuyer d'une bonne armée sur le Rhin ; mais ce n'était pas là une raison pour soutenir que la France avait été vaincue à Sadowa, ni surtout pour établir en doctrine que la frontière de la France devait être garnie de petits états faibles, ennemis les uns des autres. Pouvait-on inventer un moyen plus efficace pour leur persuader d'être unis et forts ?

Le règlement de la question du Luxembourg mit cette situation funeste dans tout son jour. Rien n'avait été convenu avant Sadowa entre la France et la Prusse : la Prusse n'éluda donc aucun engagement en refusant toute concession ; mais, si la modération avait été dans le caractère de la cour de Berlin, comment ne lui eût-elle pas conseillé de tenir compte de l'émotion de la France, de ne pas pousser son droit et ses avantages à l'extrême ? Le Luxembourg est un pays insignifiant, tout à fait hybride, ni allemand ni français, ou, si l'on veut, l'un et l'autre. Son annexion à la France n'avait rien qui pût mécontenter l'Allemand le plus correct dans son patriotisme. La roideur systématique de la Prusse prouva qu'elle n'entendait garder aucun souvenir reconnaissant des tractations qui avaient précédé Sadowa, et que la France, malgré l'appui réel qu'elle lui avait prêté, était toujours pour elle l'éternelle ennemie. Du côté de la France, on avait amené ce résultat par une série de fautes ; on avait été si malavisé qu'on n'avait même pas le droit de se plaindre. On avait voulu jouer au fin, on avait trouvé plus fin que soi. On avait fait comme celui qui, ayant dans son jeu des cartes excellentes, n'a pas pu se décider à les jeter sur table, les réservant toujours pour des coups qui ne viennent jamais.

Est-ce à dire, comme le pensent beaucoup de personnes, que depuis 1866 la guerre entre la France et la Prusse fût inévitable ? Non certes. Quand on peut attendre, peu de choses sont inévitables ; or on pouvait gagner du temps. La mort du roi de Prusse, ce qu'on sait du caractère sage et modéré du prince et de la princesse de Prusse, pouvaient déplacer bien des choses. Le parti militaire féodal prussien, qui est l'une des grandes causes de danger pour la paix de l'Europe, semble destiné à céder avec le temps beaucoup de son ascendant à la bourgeoisie berlinoise, à l'esprit allemand, si large, si libre, et qui deviendra profondément libéral dès qu'il sera délivré de l'étreinte du casernement prussien. Je sais que les symptômes de ceci ne se montrent guère encore, que l'Allemagne, toujours un peu timide dans l'action, a été conquise par la Prusse, sans qu'aucun indice ait montré la Prusse disposée à se perdre dans l'Allemagne ; mais le temps n'est pas venu pour une telle évolution. Acceptée comme moyen de lutte contre la France, l'hégémonie prussienne ne faiblira que quand une pareille lutte n'aura plus raison d'être. La force avec laquelle est lancé le mouvement allemand donnera lieu à des développements très rapides. Il n'y a plus aucune analogie en histoire, si l'Allemagne conquise ne conquiert la Prusse à son tour et ne l'absorbe. Il est inadmissible que la race allemande, si peu révolutionnaire qu'elle soit, ne triomphe pas du noyau prussien, quelque résistant qu'il puisse être. Le principe prussien, d'après lequel la base d'une nation est une armée, et la base de l'armée une petite noblesse, ne saurait être appliqué à l'Allemagne. L'Allemagne, Berlin même, a une bourgeoisie. La base de la vraie nation allemande sera, comme celle de toutes les nations modernes, une bourgeoisie riche. Le principe prussien a fait quelque chose de très fort, mais qui ne saurait durer au-delà du jour où la Prusse aura terminé son œuvre germanique. Sparte eût cessé d'être Sparte, si elle eût fait l'imité de la Grèce. La constitution et les mœurs romaines disparurent dès que Rome fut maîtresse du monde ; à partir de ce jour-là, Rome fut gouvernée par le monde, et ce ne fut que justice.

Chaque année eût ainsi apporté à l'état de choses sorti de Sadowa les plus profondes transformations. Une heure d'aberration a troublé toutes les espérances des bons esprits. La présomption et l'ignorance des uns, l'étourderie et la vanité des autres, l'absence de pondération sérieuse dans le gouvernement, les accès bizarres d'une volonté intermittente comme les réveils d'un Épiménide, ont amené sur l'espèce humaine les plus grands malheurs qu'elle eût connus depuis cinquante-cinq ans. Un incident qu'une habile diplomatie eût aplani en quelques heures a suffi pour déchaîner l'enfer… Retenons nos malédictions ; il y a des moments où l'horrible réalité est la plus cruelle des imprécations.

II

Qui a fait la guerre ? — Il faut se garder, dans ces sortes de questions, de ne voir que les causes immédiates et prochaines. Si l'on se bornait aux considérations restreintes d'un observateur inattentif, la France aurait tous les torts. Si l'on se place à un point de vue plus élevé, la responsabilité de l'horrible malheur qui a fondu sur l'humanité en cette funeste année doit être partagée.

La Prusse a facilement dans ses manières d'agir quelque chose de dur, d'intéressé, de peu généreux. Sentant sa force, elle n'a fait aucune concession. Du moment que M. de Bismarck voulut exécuter ses grandes entreprises de concert avec la France, il devait accepter franchement les conséquences de la politique qu'il avait choisie. M. de Bismarck n'était pas obligé de mettre l'empereur Napoléon III dans ses confidences ; mais, l'ayant fait, il était obligé d'avoir des égards pour l'empereur et les hommes d'état français, ainsi que pour une fraction de l'opinion qu'il fallait ménager. Le grand mal de la Prusse, c'est l'orgueil. Foyer puissant d'ancien régime, ses gentilshommes sont blessés de voir des roturiers, je ne dis pas plus riches qu'eux, mais exerçant comme eux la profession qui ailleurs est le privilège de la noblesse. La jalousie chez eux double l'orgueil. « Nous sommes une jeunesse pauvre, disent-ils, des cadets qui veulent se faire leur place dans le monde. » Une des causes qui ont produit M. de Bismarck a été la vanité blessée du diplomate abreuvé d'avanies par ses confrères autrichiens traitant la Prusse en parvenue. Le sentiment qui a créé la Prusse a été quelque chose d'analogue : l'homme sérieux, pauvre, intelligent, sans charme, supporte avec peine les succès de société d'un rival qui, tout en lui étant fort inférieur peur les qualités solides, fait figure dans le monde, règle la mode et réussit par des dédains aristocratiques à empêcher les autres de se faire accepter.

La France de son côté portera au tribunal de l'histoire une grave responsabilité. Les journaux ont été superficiels, le parti militaire a été présomptueux et entêté, l'opposition, uniquement attentive à la recherche d'une fausse popularité, parlait sans cesse de la honte de Sadowa et de la nécessité d'une revanche ; mais le grand mal a été l'excès du pouvoir personnel. La conversion à la monarchie parlementaire affectée depuis un an était si peu sérieuse qu'un ministère tout entier, la chambre, le sénat, ont cédé presque sans résistance à une pensée personnelle du souverain que rien la veille ne semblait justifier.

Et maintenant qui fera la paix ?... La pire conséquence de la guerre, c'est de rendre impuissants ceux qui ne l'ont pas voulue, et d'ouvrir un cercle fatal où le bon sens est qualifié de lâcheté, parfois de trahison. Nous parlerons avec franchise. Une seule force au monde sera capable de réparer le mal que l'orgueil féodal, le patriotisme exagéré, l'excès du pouvoir personnel, le peu de développement du gouvernement parlementaire sur le continent, ont fait en cette circonstance à la civilisation.

Cette force, c'est l'Europe. L'Europe a un intérêt majeur à ce qu'aucune des deux nations ne soit ni trop victorieuse ni trop vaincue. La disparition de la France du nombre des grandes puissances serait la fin de l'équilibre européen. J'ose dire que l'Angleterre en particulier sentirait, le jour où un tel événement viendrait à se produire, les conditions de son existence toutes changées. La France est une des conditions de la prospérité de l'Angleterre. L'Angleterre, selon la grande loi qui veut que la race primitive d'un pays prenne à la longue le dessus sur toutes les invasions, devient chaque jour plus celtique et moins germanique ; dans la grande lutte des races, elle est avec nous, l'alliance de la France et de l'Angleterre est fondée pour des siècles. Que l'Angleterre porte sa pensée du côté des États-Unis, de

Constantinople, de l'Inde ; elle verra qu'elle a besoin de la France et d'une France forte.

Il ne faut pas s'y tromper en effet ; une France faible et humiliée ne saurait exister. Que la France perde l'Alsace et la Lorraine, et la France n'est plus. L'édifice est si compact que l'enlèvement d'une ou deux grosses pierres le ferait crouler. L'histoire naturelle nous apprend que l'animal dont l'organisation est très centralisée ne souffre pas l'amputation d'un membre important ; on voit souvent un homme à qui l'on coupe une jambe mourir de phtisie; de même la France atteinte dans ses parties principales verrait sa vie générale s'éteindre- et ses organes du centre insuffisants pour renvoyer la vie jusqu'aux extrémités.

Qu'on ne rêve donc pas de concilier deux choses contradictoires, conserver la France et l'amoindrir. Il y a des ennemis absolus de la France qui croient que le but suprême de la politique contemporaine doit être d'étouffer une puissance qui, selon eux, représente le mal. Que ces fanatiques conseillent d'en finir avec l'ennemi qu'ils ont momentanément vaincu, rien de plus simple ; mais que ceux qui croient que le monde serait mutilé si la France disparaissait y prennent garde. Une France diminuée perdrait successivement toutes ses parties ; l'ensemble se disloquerait, le midi se séparerait ; l'œuvre séculaire des rois de France serait anéantie, et, je vous le jure, le jour où cela arriverait, personne n'aurait lieu de s'en réjouir. Plus tard, quand on voudrait former la grande coalition que provoque toute ambition démesurée, on regretterait en Europe de ne pas avoir été plus prévoyant. De grandes races sont en présence ; toutes ont fait de grandes choses, toutes ont une grande tâche à remplir en commun ; il ne faut pas que l'une d'elles soit mise en un état qui équivaille à sa destruction. Le monde sans la France serait aussi mutilé que le monde sans l'Allemagne ; ces grands organes de l'humanité ont chacun leur office : il importe de les maintenir pour l'accomplissement de leur mission diverse. Sans attribuer à l'esprit français le premier rôle dans l'histoire de l'esprit humain, on doit reconnaître qu'il y joue un rôle essentiel : le concert serait troublé, si cette note y manquait. Or, si vous voulez que l'oiseau chante, ne touchez pas à son bocage. La France humiliée, vous n'aurez plus d'esprit français.

Une intervention de l'Europe assurant à l'Allemagne l'entière liberté de ses mouvements intérieurs, maintenant les limites fixées en 1814 et défendant à la France d'en rêver d'autres, laissant la France vaincue, mais fière dans son intégrité, la livrant au souvenir de ses fautes et la laissant se dégager en toute liberté et comme elle l'entendrait de l'étrange situation intérieure qu'elle s'est faite, telle est la solution que doivent, selon nous, désirer les amis de l'humanité et de la civilisation. Non-seulement cette solution mettrait fin à l'horrible déchirement qui trouble en ce moment la famille européenne, elle renfermerait de plus le germe d'un pouvoir destiné à exercer sur l'avenir l'action la plus bienfaisante.

Comment en effet un effroyable événement comme celui qui laissera autour de l'année 1870 un souvenir de terreur a-t-il été possible ? Parce que les diverses nations européennes sont trop indépendantes les urnes des autres et n'ont personne au-dessus d'elles, parce qu'il n'y a ni congrès, ni diète, ni tribunal amphictyonique quelconque supérieur aux souverainetés nationales. Un tel établissement existe à l'état virtuel, puisque l'Europe, surtout depuis 1814, a fréquemment agi en nom collectif, appuyant ses résolutions de la menace d'une coalition ; mais ce pouvoir central n'a pas été assez fort pour empêcher des guerres terribles. Il faut qu'il le devienne. Le rêve des utopistes de la paix, un tribunal sans armée pour appuyer ses décisions, est une chimère ; personne ne lui obéira. D'un autre côté, l'opinion selon laquelle la paix ne serait assurée que le jour où une nation aurait sur les autres une supériorité incontestée est l'inverse de la vérité ; toute nation exerçant l'hégémonie prépare par cela seul sa ruine en amenant la coalition de tous contre elle. La paix ne peut être établie et maintenue que par l'intérêt commun de l'Europe, ou, si l'on aime mieux, par la ligue des neutres passant à une attitude comminatoire. La justice entre deux parties contendantes n'a aucune chance de triompher ; mais entre dix parties contendantes la justice l'emporte, car il n'y a qu'elle qui offre une base commune d'entente, un terrain commun. La force capable de maintenir contre le plus puissant des états une décision jugée utile au salut de la famille européenne réside donc uniquement dans le pouvoir d'intervention, de médiation, de coalition des divers états. Espérons que ce pouvoir, prenant des formes de plus en plus concrètes et régulières, amènera dans l'avenir un vrai congrès, périodique, sinon permanent, et sera le cœur d'états unis d'Europe liés entre eux par un pacte fédéral.

De la sorte, on peut espérer que la crise épouvantable où est engagée l'humanité trouvera un moment d'arrêt. Le lendemain du jour où la faux de la mort aura été arrêtée, que devra-t-on faire ? Attaquer énergiquement la cause du mal. La cause du mal a été un déplorable régime politique qui a fait dépendre l'existence d'une nation des présomptueuses vantardises de militaires bornés, des dépits et de la vanité blessée de quelques diplomates. Opposons à cela le régime parlementaire, un vrai gouvernement des parties sérieuses et modérées du pays, non la chimère démocratique du règne de la volonté populaire avec tous ses caprices, mais le règne de la volonté nationale, résultat des bons instincts du peuple savamment interprétés par des pensées réfléchies : Le pays ne veut pas la guerre ; il veut son développement intérieur, soit sous forme de richesse, soit sous forme de libertés publiques. Donnons à l'étranger le spectacle de la prospérité, de la liberté, du calme, de l'égalité bien entendue. La France a des principes qui, bien que critiquables et dangereux à quelques égards, sont faits pour séduire le monde, quand la France donne la première l'exemple du respect de ces principes ; qu'elle présente chez elle le modèle d'un état vraiment libéral, où les droits de chacun sont garantis, d'un état bienveillant pour les autres états, renonçant définitivement à l'idée d'agrandissement, et tous, loin de l'attaquer, s'efforceront de l'imiter.

Il y a, je le sais, dans le monde des foyers de fanatisme où le tempérament règne encore ; il y a en certains pays une noblesse militaire, ennemie-née de ces conceptions raisonnables, et qui rêve l'extermination de ce qui ne lui ressemble pas. L'élément féodal de la Prusse en particulier est à cet âge où l'on a l'âcreté du sang barbare, sans retour en arrière ni désillusion. La France et jusqu'à un certain point l'Angleterre ont atteint leur but. La Prusse n'est pas encore arrivée à ce moment où l'on possède ce que l'on a voulu, où l'on considère froidement ce pour quoi l'on a troublé le monde, et où l'on s'aperçoit que ce n'est rien, que tout ici-bas n'est qu'un épisode d'un rêve éternel, une ride à la surface d'un infini qui nous produit et nous absorbe. Ces races neuves et violentes du nord sont bien plus naïves ; elles sont dupes de leurs désirs ; entraînées par le but qu'elles se proposent, elles ressemblent au jeune homme qui s'imagine que, l'objet de sa passion une fois obtenu, il sera pleinement heureux. A cela se joint un trait de caractère, un sentiment que les plaines sablonneuses du nord de l'Allemagne paraissent toujours avoir inspiré, le sentiment des Vandales chastes devant les mœurs et le luxe de l'empire romain, une sorte de fureur puritaine, la jalousie et la rage contre la vie facile de ceux qui jouissent. Cette humeur sombre et fanatique existe encore de nos jours. De tels « esprits mélancoliques, » comme on disait autrefois, se croient chargés de venger la vertu, de redresser les nations corrompues. Pour ces exaltés, l'idée de l'empire allemand n'est pas celle d'une nationalité limitée, libre chez elle, ne s'occupant pas du reste du monde ; ce qu'ils veulent, c'est une action universelle de la race germanique, renouvelant et dominant l'Europe. C'est là une frénésie bien chimérique, car supposons, pour plaire à ces esprits chagrins, la France anéantie, la Belgique, la Hollande, la Suisse écrasées, l'Angleterre passive et silencieuse ; que dire du grand spectre de l'avenir germanique, des Slaves, qui aspireront d'autant plus à se séparer du corps germanique que ce dernier s'individualisera davantage ? La conscience slave s'élève en proportion de la conscience germanique, et s'oppose à celle-ci comme un pôle contraire ; l'une crée l'autre. L'Allemand a droit comme tout le monde à une patrie ; pas plus que personne, il n'a droit à la domination. Il faut observer d'ailleurs que de telles visées fanatiques ne sont nullement le fait de l'Allemagne éclairée. La plus complète personnification de l'Allemagne, c'est Goethe. Quoi de moins prussien que Goethe ? Qu'on se figure ce grand homme à Berlin et le débordement de sarcasmes olympiens que lui eussent inspirés cette roideur sans grâce ni esprit, ce lourd mysticisme de guerriers pieux et de généraux craignant Dieu ! Une fois délivrées de la crainte de la France, ces populations fines de la Saxe, de la Souabe, se soustrairont à l'enrégimentation prussienne ; le midi en particulier reprendra sa vie gaie, sereine, harmonieuse et libre.

Le moyen pour que cela arrive, c'est que nous ne nous en mêlions pas. Le grand facteur de la Prusse, c'est la France, ou, pour mieux dire, l'appréhension d'une ingérence de la France dans les affaires allemandes. Moins la France s'occupera de l'Allemagne, plus l'unité allemande sera compromise, car l'Allemagne ne veut l'unité que par mesure de précaution. La France est en ce sens toute la force de la Prusse. La Prusse (j'entends la Prusse militaire et féodale) aura été une crise, non un état permanent ; ce qui durera réellement, c'est l'Allemagne. La Prussc aura été l'énergique moyen employé par l'Allemagne pour se délivrer de la menace de la France bonapartiste. La réunion des forces allemandes dans la main de la Prusse n'est qu'un fait amené par une nécessité passagère. Le danger disparu, l'union disparaîtra, et l'Allemagne reviendra bientôt à ses instincts naturels. Le lendemain de sa victoire, la Prusse se trouvera ainsi en face d'une Europe hostile et d'une Allemagne reprenant son goût pour les autonomies particulières. C'est ce qui me fait dire avec assurance : La Prusse passera, l'Allemagne restera. Or l'Allemagne livrés à son propre génie sera une nation libérale, pacifique, même démocratique dans le sens légitime ; je crois qu'elle fera faire aux problèmes sociaux des progrès remarquables, et que plusieurs idées qui chez nous ont revêtu le masque effrayant de la démocratie socialiste se produiront chez elle sous une forme bienfaisante et réalisable.

La plus grande faute que pourrait commettre l'école libérale au milieu des horreurs qui nous assiègent, ce serait de désespérer. L'avenir est à elle. Cette guerre, objet des malédictions futures, est arrivée parce qu'on s'est écarté des maximes libérales, maximes qui sont en même temps celles de la paix et de l'union des peuples. Le funeste désir d'une revanche, désir qui prolongerait indéfiniment l'extermination, sera écarté par un sage développement de la politique libérale. C'est une fausse idée que la France puisse imiter les institutions militaires prussiennes. L'état social de la France ne veut pas que tous les citoyens soient soldats, ni que ceux qui le sont le soient toujours. Pour maintenir une armée organisée à là prussienne, il faut une petite noblesse ; or nous n'avons pas de noblesse, et, si nous en avions une, le génie de la France ferait que nous en aurions plutôt une grande qu'une petite. La Prusse fonde sa force sur le développement de l'instruction primaire et sur l'identité de l'armée et de la nation ; étant, comme dirait Plutarque, d'un tempérament plus vertueux que la France, elle peut porter des institutions qui, très largement appliquées, donneraient peut-être chez nous des fruits tout différents, et seraient une source de révolutions. La Prusse touche en cela le bénéfice de la grande abnégation politique et sociale de ses populations. En obligeant ses rivaux à soigner l'instruction primaire et à imiter sa *landwehr* (innovations qui, dans des pays catholiques et révolutionnaires, seront probablement anarchiques), elle les force à un régime sain pour elle, malsain pour eux, comme le buveur qui fait boire à son partenaire. un vin qui l'enivrera, tandis que lui gardera sa raison.

En résumé, l'immense majorité de l'espèce humaine a horreur de la guerre. Les idées vraiment chrétiennes de douceur, de justice, de bonté, conquièrent de plus en plus le monde. L'esprit belliqueux ne vit plus que chez les soldats de profession, dans les classes nobles du nord de l'Allemagne. La démocratie ne comprend pas le point d'honneur militaire. Le progrès de la démocratie sera la fin du règne de ces hommes de fer, survivants d'un autre âge, que notre siècle a vus avec terreur sortir des entrailles du vieux monde germanique. Quelle que soit l'issue de la guerre actuelle, ce parti sera vaincu en Allemagne. La démocratie lui a compté les jours. J'ai des appréhensions contre certaines tendances de la démocratie, et je les ai dites ici, il y a un an, avec sincérité ; mais certes, si la démocratie se borne à débarrasser l'espèce humaine de ceux qui, pour la satisfaction de leurs vanités et de leurs rancunes, font égorger des millions d'hommes, elle aura mon plein assentiment et ma reconnaissante sympathie.

Le principe des nationalités indépendantes n'est pas de nature, comme plusieurs le pensent, à délivrer l'espèce humaine du fléau de la guerre ; au contraire j'ai toujours craint que le principe des nationalités ne fît dégénérer les luttes, des peuples en exterminations de race, et ne chassât du code du droit des gens ces tempéraments, ces civilités qu'admettaient les petites guerres politiques et dynastiques d'autrefois. On verra la fin de la guerre quand, au principe des nationalités, on joindra le principe qui en est le correctif, celui de la fédération européenne, supérieure à toutes les nationalités. Des naturalistes allemands qui ont la prétention d'appliquer leur science à la politique soutiennent, avec une froideur qui voudrait avoir l'air d'être profonde, que la loi de la destruction des races et de la lutte pour la vie se retrouve dans l'histoire, que la race la plus forte chasse nécessairement la plus faible, et que la race germanique, étant plus forte que les races latine et slave, est appelée à les vaincre et à se les subordonner. Laissons passer cette dernière prétention, quoiqu'elle pût donner lieu à bien des réserves. N'objectons pas non plus à ces matérialistes transcendants que le droit, la justice, la morale, choses qui n'ont pas de sens dans le règne animal, sont des lois de l'humanité ; des esprits si dégagés des vieilles idées nous répondraient probablement par un sourire. Bornons-nous à une observation : les espèces animales ne se liguent pas entre elles. On n'a jamais vu deux ou trois espèces en danger d'être détruites former une coalition contre leur ennemi commun ; les bêtes d'une même contrée n'ont entre elles ni alliances ni congrès. Le grand principe fédératif, gardien de la justice, est ainsi la base de l'humanité. Là est la garantie des droits de tous ; il n'y a pas de peuple européen qui ne doive s'incliner devant un pareil tribunal. Toutes les grandes hégémonies militaires, celle de l'Espagne au XVIe siècle, celle de la France sous Louis XIV, celle de la France sous Napoléon, ont abouti à un prompt épuisement. Que la Prusse y prenne garde, sa politique radicale peut l'engager dans une série de complications dont il ne lui soit plus loisible de se dégager ; un œil pénétrant verrait peut-être dès à présent le nœud déjà formé de la coalition future. Les sages amis de la Prusse lui disent tout bas, non comme menace, mais comme avertissement : *Væ victoribus* !

Analyse des haines nationales

Entre la France et l'Allemagne[3]

Toute guerre semble devoir engendrer des haines nationales. Des griefs purement politiques ne touchent que le petit nombre ; les masses ne comprennent bien la guerre et n'en acceptent aisément les sacrifices que sous la forme d'injustices à punir ou d'injures à venger. Aussi dès qu'une rupture est imminente entre deux peuples, tout ce qui peut les exciter l'un contre l'autre trouve aisément crédit des deux parts. Toutes les rancunes de date ancienne ou récente se ramassent en un seul sentiment de colère, que viennent bientôt alimenter les violences trop réelles inséparables de l'état de guerre Ces haines si subitement écloses tombent en général avec le motif qui les a fait

---

[3] Par Emile Beaussire (1824-1889).

naître. La paix ramène des intérêts et des besoins qui s'accommodent mal de ces sentiments. La guerre d'ailleurs par un effet qui peut d'abord paraître contradictoire, travaille souvent à les affaiblir : en rapprochant ceux qu'elle met aux prises, elle leur apprend à se connaître, à s'estimer. Tout en s'entre-tuant, ils se sentent unis par la communauté des devoirs, et la lutte des armes leur donne l'occasion de rivaliser des mêmes vertus. Or ces vertus, auxquelles aucune armée n'est entièrement étrangère, sont à la fois les plus nobles et les plus sympathiques. La générosité, la bonté, s'y joignent à l'honneur et au courage. Vainqueur ou vaincu, il en coûte d'autant moins de rendre hommage à ces qualités chez un adversaire que c'est une façon de rehausser sa victoire ou d'atténuer sa défaite. L'estime se changera même en un sentiment plus doux, si, prisonnier ou blessé, on a été l'objet de soins, d'égards, d'attentions délicates. Ici le rapprochement se fera non plus seulement de soldat à soldat, mais de famille à famille, et par là de peuple à peuple. On a beau détester en masse l'ennemi de son pays, on ne peut que faire exception pour le médecin, le prêtre, la sœur de charité, qui ont pansé les plaies et adouci la captivité d'un fils, d'un frère ou d'un mari, et quand de telles exceptions se multiplient, la haine générale s'efface sous les dettes particulières de reconnaissance qui se contractent entre les belligérants.

Pour maintenir une animosité durable, il faut une longue série de guerres, et il faut aussi dans la paix elle-même une constante rivalité d'ambition ou d'intérêts. Telle était l'opposition séculaire de l'Angleterre et de la France. Deux fois envahis par une coalition de toute l'Europe, nous n'en voulions qu'aux Anglais de nos revers et de notre amoindrissement. Seuls, ils avaient été nos irréconciliables ennemis des premiers jours de la révolution aux derniers jours de l'empire, et, si nous remontions le cours de notre histoire, nous les rencontrions partout, sous les Bourbons comme sous les

Valois, menaçant tour à tour notre indépendance nationale, nos possessions lointaines et notre influence politique dans le monde. Nous n'étions devenus une nation qu'en luttant contre eux, et la haine que nous leur portions semblait faire partie de notre patriotisme. Toutefois cette haine traditionnelle s'était bien affaiblie depuis une vingtaine d'années. Les esprits positifs étaient fiers de s'en dégager au nom des intérêts de toute sorte qu'elle compromettait. Les esprits libéraux la repoussaient à meilleur titre comme un obstacle aux progrès de la civilisation, qui ne pouvait trouver de plus sûre garantie que dans la cordiale alliance des deux nations les plus éclairées de l'Europe.

Réconciliés avec les Anglais, nous ne voyions plus autour de nous que des nations amies, et la France se plaisait à espérer, sinon la paix perpétuelle, du moins des guerres toutes politiques, circonscrites dans leur objet, modérées dans leurs effets, soit pour les populations, soit pour les combattants eux-mêmes, et laissant place des deux côtés à l'espoir d'un prompt et honorable arrangement. La France est tombée tout d'un coup de ces illusions dans une guerre implacable avec l'Allemagne, où elle a rencontré dès le début et où, par un trop juste retour, elle a été entraînée à porter elle-même plus de haine que n'en avaient montré des rivalités de plusieurs siècles. C'est là un fait sans précédents qui appelle toute notre attention et dont nous devons, autant que possible, sans passion comme sans faiblesse, calculer toute la portée. Rien de plus clair que cette haine couvée par nos ennemis depuis plus d'un siècle et telle qu'elle n'a jamais été certainement partagée par nous avec une égale intensité, même dans ces derniers mois. Essayons de nous rendre compte de ses origines et de ses conséquences futures en recherchant quels peuvent être les griefs respectifs des deux nations.

I.

Les Allemands nous appellent « l'ennemi héréditaire (*Erbfeind*). » Leur haine érudite trouve des prétextes jusque dans les temps les plus reculés. Un homme d'état positif comme M. de Bismarck veut bien ne nous demander raison que des conquêtes de Louis XIV ; mais près de lui des professeurs se font écouter en nous reprochant la victoire de Tolbiac ou le meurtre du dernier des Hohenstaufen. Que les érudits de Berlin réveillent aujourd'hui contre nous de tels souvenirs, qu'ils les fassent entrer dans l'éducation aussi vindicative que pédante qu'ils donnent à leurs compatriotes, cela n'est pas douteux ; mais ils faussent singulièrement l'histoire. Jusqu'au XVIIIe siècle, il n'y a point de haine entre l'Allemagne et la France. Des querelles, des guerres, ont pu se produire entre des Français et des Allemands, elles n'ont jamais armé l'un contre l'autre les deux peuples pris dans leur ensemble, et presque toujours quand ils comptaient des soldats dans des camps opposés, ils en comptaient dans les mêmes camps. Notre ennemi constant dans les trois derniers siècles, ce n'était pas l'Allemagne, c'était l'empire, que l'Allemagne prétend rétablir aujourd'hui, mais contre lequel elle ne cessait pas alors d'invoquer notre appui, bien loin d'épouser sa cause et de se confondre avec lui. « Le plus brillant et le plus vain ornement de l'Allemagne, disait encore Herder à la fin du XVIIIe siècle, fut la couronne impériale. Seule, elle a fait plus de mal à ce pays que toutes les expéditions des Tartares, des Hongrois et des Turcs. »

L'ancienne Allemagne n'a connu que des guerres civiles, et si son territoire a sans cesse été dévasté par les armées étrangères, dont aucun parti ne se faisait alors scrupule d'invoquer le concours, elle ne pouvait leur imputer aucun excès dont ses propres enfants, dans les mêmes guerres, n'eussent donné l'exemple. Si Heidelberg maudit notre Turenne, Magdebourg ne se souvient qu'avec horreur du

Bavarois Tilly. Des provinces allemandes ont plus d'une fois été le prix des services rendus par l'étranger ; mais de telles conquêtes n'avaient rien d'odieux pour des populations qui n'avaient pas encore l'idée d'une nationalité allemande, qui ne connaissaient que le droit féodal, l'assimilation d'un pays, avec tous ses habitants, à une propriété qui se transmet des pères aux enfants, que les filles en se mariant portent dans d'autres familles, et qui se prête indifféremment à toute espèce de cession à titre gratuit ou onéreux. L'incendie du Palatinat même n'éloigna pas de l'alliance française les peuples allemands ; ils n'ont pas cessé jusqu'à notre siècle de la considérer comme la plus sûre garantie de leurs libertés, et ceux qu'en détachait momentanément une fausse politique ne laissaient voir à l'égard de la France elle-même aucune trace d'inimitié.

C'est seulement vers le milieu du XVIIIe siècle que se sont produits les premiers germes de la haine dont nous ressentons aujourd'hui les effets. Cette haine, à son origine, a été toute littéraire ; elle est née avec la littérature allemande, dont elle n'a fait d'abord que préparer l'émancipation. Le goût français régnait sans partage en Allemagne. Il n'y avait de lecteurs ou de spectateurs que pour les œuvres traduites ou imitées de nos classiques. Les princes et leurs courtisans dédaignaient la langue allemande ; ils affectaient de s'exprimer en français, de s'entourer de Français, de ne lire que des livres français, Frédéric II se faisait l'imitateur et le flatteur de Voltaire ; il n'était pas moins ambitieux de prendre rang parmi nos poètes que de vaincre nos généraux. Cette invasion de l'Allemagne tout entière par notre littérature eut plus d'efficacité pour provoquer un mouvement national que ne l'avait fait la politique de Louis XIV. La réaction commença en Suisse, sans grand éclat, avec l'honnête Bodmer ; deux hommes de génie, Klopstock et Lessing, s'en emparèrent bientôt, et en peu d'années lui gagnèrent toute la jeunesse lettrée dans tous les pays de langue allemande. Le premier a donné à l'Allemagne une poésie nationale ; le second a créé de toutes pièces la critique allemande, avec toutes les qualités qui l'ont honorée, et aussi, il faut bien le dire, avec la passion qui n'a pas cessé de l'animer : la haine de l'esprit français.

Cette haine se montre partout dans Lessing. Compose-t-il ses fables, il en fait une critique en action de celles de La Fontaine, et, pour que ses coups portent plus sûrement, il y joint une théorie de la fable qui n'est d'un bout à l'autre qu'une polémique acerbe et dédaigneuse contre notre grand fabuliste. Écrit-il ce beau livre de *Laocoon*, où il a marqué si profondément les limites propres des différents arts, il s'arrête à comparer une mauvaise pièce de Châteaubrun avec un des chefs-d'œuvre de Sophocle pour se donner le plaisir de s'écrier : « O le Français, à qui ont manqué absolument et l'intelligence pour comprendre et le cœur pour sentir de telles beautés ! » C'est surtout dans la *Dramaturgie de Hambourg* que Lessing fait au goût français une guerre à outrance. On sait l'origine de cet ouvrage. Les promoteurs de l'émancipation littéraire de l'Allemagne avaient compris de bonne heure que cette émancipation ne pouvait être assurée que par un théâtre national. Différentes tentatives avaient échoué, quand une entreprise qui semblait offrir des chances plus sérieuses de succès s'annonça en 1767 à Hambourg. Lessing fut appelé pour rendre compte des représentations et appeler sur elles l'attention sympathique de l'Allemagne tout entière. La réunion de ses feuilletons dramatiques, comme nous dirions aujourd'hui, a formé la *Dramaturgie*. Le théâtre de Hambourg, dans la pensée des fondateurs, faisait appel aux pièces allemandes : elles ne vinrent pas, ou furent médiocrement goûtées du public. Il fallut se rabattre sur les seuls ouvrages qui, en Allemagne comme dans le reste de l'Europe, fussent en possession de plaire : au lieu de signaler à ses compatriotes des chefs-d'œuvre nationaux, Lessing fut réduit presque toujours à critiquer des pièces françaises. Il n'y perdait rien pour le but qu'il poursuivait. La *Dramaturgie* lui fut une occasion pour attaquer le goût français sur le terrain où sa domination était le plus incontestée, dans l'art dramatique. Toujours partiales, ses critiques sont souvent très pénétrantes. Nous en avons profité comme les Allemands eux-mêmes. Lessing a été, depuis les dernières années du XVIIIe siècle, un de nos maîtres, nous l'avons reconnu sans mauvaise grâce et même avec une sorte d'empressement ; mais nous pouvons lui appliquer l'épithète du pédagogue d'Horace : *plagosus Orbilius*. Ses coups tombent sans ménagement sur tout notre théâtre classique ; ils n'épargnent pas plus un chef-d'œuvre de Corneille qu'une comédie de Sainte-Foix ou de Legrand. Si même son ton s'adoucit quelquefois, c'est à l'égard des écrivains de troisième ordre ; il n'en veut qu'à ceux qui règnent sur les théâtres de l'Allemagne comme sur ceux de la France, et avant tout au plus puissant, sinon au plus grand, à Voltaire. Ce n'est pas contre l'ambition de

Louis XIV au XVIIe siècle, c'est contre la royauté de Voltaire au XVIIIe qu'un véritable cri d'indépendance a été poussé pour la première fois en Allemagne. Il semblait que le génie allemand ne pût se déployer en liberté qu'après avoir détrôné cet arbitre du goût, qui souhaitait aux Allemands plus d'esprit et moins de consonnes. Lessing revient sans cesse à la charge contre Voltaire ; quand il ne le critique pas comme poète, il prend à tâche de réfuter ses théories littéraires, et il le poursuit jusque dans ses idées philosophiques. Il était pourtant en philosophie assez près de Voltaire : il détestait l'intolérance, et son Dieu n'était celui d'aucune église exclusive ; mais l'irréligion dans les sentiments et surtout dans le langage lui était antipathique, et il éprouvait d'ailleurs le besoin de protester contre l'envahissement du scepticisme français par le même esprit d'indépendance qui lui faisait repousser en littérature la domination du goût français.

Tel est en effet le point de vue constant de Lessing. Il n'a rien du patriotisme étroit et jaloux qui s'est produit plus tard dans son pays. C'est un cosmopolite, comme tous les grands esprits du XVIIIe siècle ; c'est l'indépendance de la pensée humaine, non de la pensée allemande, qu'il prétend défendre contre la suprématie intellectuelle de l'esprit français. Il se console aisément de ne pouvoir opposer à cette suprématie des chefs-d'œuvre allemands en l'abaissant devant la perfection du génie grec ou la puissance créatrice du génie anglais, en exaltant un Sophocle ou un Shakespeare aux dépens d'un Corneille ou d'un Voltaire. Tel est aussi le point de vue de la jeune génération qui marcha bientôt sur ses traces avec un jugement moins sûr. Ce qu'elle hait surtout dans l'esprit français, c'est le culte de la règle et la passion des idées générales. L'indépendance qu'elle réclame est celle de la fantaisie individuelle, du génie sans frein comme sans loi. La *fièvre de Werther* commence avec sa double antipathie pour le *philistin* (bourgeois) allemand et pour l'*homme de goût* français. La première s'affirme avec éclat au dedans ; la-seconde saisit toutes les occasions de rompre des lances avec l'ennemi du dehors. De tout temps, les étudiants allemands ont recherché l'hospitalité des universités françaises. Avec ce mélange d'esprit pratique et de sentiments systématiques dont leur race a le secret, ils savent tirer profit de nos écoles en gardant un profond dédain pour la science qu'on y enseigne. Ce dédain se montrait déjà sans réserve dans la petite colonie allemande que possédait, il y a une centaine d'années, l'université de Strasbourg. Les idées et les sentiments que se plaisaient à étaler ces étudiants en face de leurs condisciples français nous ont été exposés par l'un d'eux qui allait devenir la personnification la plus brillante et la plus complète du génie allemand. Goethe n'avait pas à vingt ans cette sérénité olympienne qui se refusait, quarante ans plus tard, aux entraînements d'un patriotisme haineux. Il partageait toute l'effervescence de cette période des tempêtes et des efforts (*Sturm-*

und-Drang-Period). Il reconnaît que nulle université d'Allemagne ne lui eût permis de se préparer aussi sûrement et aussi vite à ses examens de droit qu'il ne le fit dans une université française ; mais cet avantage tout pratique ne le rendait pas plus indulgent pour le peuple dont il était l'hôte. Ses compagnons et lui se faisaient un point d'honneur de ne parler qu'allemand, et, s'ils lisaient beaucoup de livres français, ils en faisaient dans leurs entretiens le perpétuel sujet de leurs critiques et de leurs railleries. « Sur la frontière même de la France, dit l'illustre étudiant de 1769, nous nous étions dégagés de toute influence française. Le genre de vie des Français nous semblait trop réglé et trop poli, leur poésie froide, leur critique destructive leur philosophie abstruse et cependant superficielle. » Ils mettaient volontiers en parallèle les défauts qu'ils reprochaient aux Français et les qualités dont les Allemands aiment à se faire honneur ; mais leur patriotisme, comme celui de Lessing, n'avait rien d'exclusif Shakespeare était leur

Dieu. Ils en célébraient la fête, et Goethe lui-même prononçait en son honneur un discours enthousiaste qui nous a été conservé. Rien ne peint mieux les dispositions de la jeunesse allemande en 1770.

Plus d'un Français d'ailleurs trouvait grâce devant ces ennemis de l'esprit français. Ils n'en voulaient qu'à la tyrannie de quelques idées et ceux qui en France même faisaient preuve d'indépendance à l'égard de ces idées étaient leurs favoris. Ils mettaient l'acteur Aufresne au-dessus de Lekain.

Ils n'avaient qu'enthousiasme pour Rousseau et pour Diderot. Le besoin de liberté dictait seul leurs antipathies et leurs sympathies, et ce besoin même sous sa forme révolutionnaire était, à leur insu, un lien entre ces jeunes Allemands, qu'il soulevait contre certaines traditions littéraires et la nation qu'il poussait à transformer de fond en comble les institutions séculaires des sociétés modernes.

La révolution française excita en Allemagne, parmi les philosophes, les lettrés, et dans le peuple lui-même, de très vives sympathies, dont beaucoup ne se sont jamais démenties. Elle a préparé toutefois chez les Allemands la transformation dune haine littéraire en une haine nationale contre la France. Elle ajouta d'abord aux ennemis des idées françaises tous ceux dont elle blessait les préjugés ou menaçait les intérêts ; elle s'aliéna bientôt une partie des populations, quand, pour répondre à la provocation des monarchies européennes, elle se fit à son tour guerrière et conquérante. Les peuples de la rive gauche du Rhin n'avaient encore, à la fin du XVIIIe siècle, aucune répugnance à devenir français ; ils donnèrent à la France des départements qui ne se distinguèrent en rien de ses anciennes provinces dans la pratique de leurs nouveaux devoirs, et lorsqu'ils en furent détachés sans leur aveu, ils ne se laissèrent pas arracher ses institutions civiles. L'invasion et la conquête ont toujours néanmoins quelque chose d'odieux, même quand elles ne brisent aucun lien national, quand elles peuvent s'annoncer comme des bienfaits. Le séjour des soldats ne va jamais sans ravages, même dans leur propre pays, à plus forte raison sur une terre jusqu'alors étrangère. Les armées de la république, outre les maux habituels de la guerre, apportaient avec elles les excès de la révolution elle-même, le déchaînement des passions populaires, la proscription des nobles et des prêtres, le pillage des châteaux et la spoliation des églises. De là dans les provinces rhénanes, à l'égard des envahisseurs, ce soudain passage de la sympathie à l'hostilité que Goethe a décrit admirablement dans *Hermann et Dorothée* : « Qui pourrait nier que les cœurs ne se soient élevés, qu'ils n'aient battu d'un pouls plus pur dans de plus libres poitrines, quand se leva dans son premier éclat le *nouveau soleil*, quand on entendit parler des droits de l'homme, qui sont les droits de tous, de la liberté qui enflamme les âmes et de la précieuse égalité ? Alors chacun espéra vivre de sa propre vie : il semblait qu'on allait voir se rompre les chaînes qui enveloppaient les nations sous l'empire de la paresse et de l'égoïsme. Tous les peuples, dans ces jours de nobles efforts, n'avaient-ils pas les yeux tournés vers cette ville qui depuis longtemps déjà était la capitale du monde, et qui méritait plus que jamais ce beau nom ? Les hommes qui les premiers nous apportèrent la bonne nouvelle n'étaient-ils pas les pareils de ces héros dont la gloire monte jusqu'aux astres ? Chacun ne sentait-il pas croître son courage, se développer son esprit, se transformer son langage ? Nous, leurs voisins, nous fûmes les premiers à partager leur enthousiasme. La guerre commença. Les Français armés s'approchèrent ; ils ne semblaient apporter que l'amitié, et ils l'apportaient en effet. Ils avaient tous l'âme élevée ; ils plantaient avec joie les arbres pleins de sève de la liberté, promettant à chacun le respect de son bien, le respect de son gouvernement. Tout joyeux étaient les jeunes gens, tout joyeux les vieillards, et l'on dansait avec ardeur autour des nouveaux drapeaux. Ainsi ils gagnèrent bientôt, ces Français triomphants, par leur abord plein de vivacité et de feu l'esprit des hommes, par leur grâce irrésistible le cœur des femmes. Léger nous parut le fardeau même d'une guerre ruineuse, car l'espérance planait devant nos yeux dans un lointain horizon, et nos regards se portaient avec ardeur vers les routes nouvellement frayées... Mais bientôt le ciel se troubla. Pour s'emparer du pouvoir s'avança une race perverse, indigne de réaliser le bien. Ils s'égorgèrent entre eux, ils opprimèrent leurs voisins, leurs nouveaux frères, leur envoyant une foule avide ; les chefs se jettent sur nous et nous pillent en grand, les inférieurs nous ravagent et nous pillent en détail : chacun semble n'avoir qu'un souci, celui de ne rien laisser pour le lendemain. La misère était à son comble, et l'oppression croissait de jour en jour. Personne n'entendait nos cris, ils étaient les maîtres du jour. Alors la douleur et la colère remplirent les âmes les plus calmes ; chacun n'eut qu'une pensée, tous jurèrent de venger l'injure commune et la perte amère de nos espérances doublement trompées. »

Cette réaction se produisit surtout dans les pays qui ne connurent que l'invasion française et à sa suite les troubles révolutionnaires, sans être appelés d'une façon durable au bénéfice des institutions françaises. Elle s'étendit bientôt à toute l'Allemagne, où le récit, grossi par la passion et par l'intérêt, des crimes commis en France et dans les pays envahis par la France remplit d'horreur les masses ignorantes, et détourna les sympathies des esprits cultivés. Ceux même dont les idées se rapprochaient le plus dans l'origine de celles des républicains français furent souvent les plus extrêmes dans l'expression de leur hostilité. Il y a toujours très loin de la pensée à l'action. On l'avait vu en France, où la révolution trouva de bonne heure des adversaires parmi ses plus enthousiastes promoteurs. On le vit plus naturellement encore dans un pays moins amoureux de logique et moins prompt à l'action. Le besoin d'indépendance qui s'était manifesté avec tant d'effervescence dans la jeunesse allemande vers 1770 était surtout littéraire. Il réclamait les droits du *génie*, non les droits de *l'homme*, et il ne semblait pas soupçonner les droits du *citoyen*. Il s'était d'ailleurs assagi quand commença la révolution. Les esprits les plus éminents n'aspiraient plus qu'à s'élever librement au plus haut degré de culture intellectuelle, et ils ne voyaient dans les agitations du dehors qu'un obstacle à leurs progrès intérieurs. Tel était dès 1789 le point de vue de Goethe. « La France, disait-il, nous tourmente dans ces jours de trouble, comme autrefois le luthéranisme ; elle retarde le développement calme de l'esprit. » Tel fut bientôt le point de vue de Schiller lui-même, dont la république avait récompensé *les Brigands* en conférant à l'auteur le titre de citoyen français. Moins purement spéculatif que Goethe, il embrassait plus volontiers l'espoir des réformes sociales ; mais il en ajournait la réalisation lorsque serait achevée *l'éducation esthétique de l'homme*. Ceux qu'embrasait encore la fièvre de Werther ne voulaient que s'affranchir du joug des conventions sociales, non affranchir la société avec eux. En un mot, on n'avait souci que des individualités, ou, comme le disaient les raffinés, de « belles individualités, » et l'on ne voulait avoir rien de commun avec un pays où une révolution se faisait par les masses et au profit des masses.

Un nouveau mouvement littéraire, enfant du premier, mais entraîné dans des voies opposées, contribuait encore à éloigner de la France l'Allemagne intelligente. Les disciples immodérés de Lessing repoussaient tout principe de goût, toute chaîne imposée au génie. Leurs modèles étaient les poètes primitifs, qu'ils croyaient honorer en leur refusant toute espèce d'art, Homère et Shakespeare, à côté desquels ils plaçaient Ossian. L'école dite *romantique* obéit à la même tendance en cherchant ses modèles dans le moyen âge, qu'elle entreprit de réhabiliter tout entier, dans ses institutions et dans ses croyances, aussi bien que dans sa poésie et ses arts. Nous devions voir en France, quelques années plus tard, l'école qui prit le même nom offrir à ses débuts le même mélange de passions révolutionnaires en littérature et du culte de l'ancien régime en religion et en politique. Les romantiques allemands ne se contentèrent pas de vanter la féodalité et la théocratie ; ils firent tout pour y ramener leurs contemporains. On vit les plus ardents passer avec éclat du protestantisme au catholicisme pour ne rien garder de l'esprit moderne. Une école animée de telles dispositions ne pouvait éprouver que répulsion pour la France nouvelle. Elle entretint la défiance des peuples, et se fit la complice de la réaction des gouvernements contre la révolution française. Quand l'empire, en substituant l'esprit de conquête à l'esprit de propagande, ébranla les dernières sympathies qui nous étaient restées, elle eut une influence considérable sur le soulèvement national de l'Allemagne contre l'oppresseur ; mais elle contribua plus encore aux déceptions qui suivirent. « Dans la période où se livrait cette lutte, dit Henri Heine, une école disposée hostilement contre la manière française, et qui vantait tous les vieux goûts populaires de l'Allemagne dans l'art et dans la vie réelle, devait trouver un vigoureux appui. Les principes de l'école romantique se passèrent alors de main en main avec las excitations des gouvernements et le mot d'ordre des sociétés secrètes, — et M. A. G. Schlegel conspira contre Racine comme le ministre Stein conspirait contre Napoléon. Lorsqu'enfin le patriotisme allemand et la nationalité allemande eurent remporté la victoire, l'école romantique, gothique, germanique, chrétienne, triompha définitivement, ainsi que « l'art patriotique, religieux, allemand. » Napoléon le grand classique, classique comme Alexandre et César, tomba terrassé sur le sol, et MM. Auguste-Guillaume et Frédéric Schlegel, les petits romantiques, romantiques comme le Petit

Poucet et le Chat botté, relevèrent la tête en vainqueurs. »

Les romantiques, par leur fureur aveugle contre toutes les idées françaises, ne servirent que la cause de l'ancien régime. Il ne faut pas confondre avec eux les héros et les poètes de la *délivrance*, qui, en partageant leurs haines et leurs colères, avaient au moins l'excuse d'un véritable patriotisme et d'un sincère amour de la liberté. L'Allemagne devenait enfin une nation. Ce que n'avaient pu faire ni l'unité de la race et du langage, ni l'union fédérative sous la couronne impériale, la philosophie et les lettres l'avaient préparé en réunissant tous les pays allemands dans le sentiment d'une gloire commune ; l'insolence d'un conquérant allait compléter l'œuvre en ajoutant à ce lien celui d'une commune oppression et d'un même désir de vengeance. Nous n'avons plus à raconter ici ce réveil ou plutôt cet éveil d'une nation. Les Allemands doivent nous rendre cette justice, que nous avons toujours applaudi sans arrière-pensée à tous les efforts de leur patriotisme naissant. Nous n'avons pas même protesté contre le caractère agressif et violent à notre égard qu'ils ont donné à ces efforts. Nous avons pardonné à Lessing et à Schlegel lui-même la guerre sans mesure et trop souvent sans justice qu'ils ont faite à toute notre littérature. Nous ne nous sommes pas scandalisés davantage de l'emportement injurieux avec lequel un Kœrner ou un Arndt soulevaient contre nous tant de colères, affectant de confondre la France tout entière avec le chef dont elle-même portait le joug, et d'oublier l'esprit généreux et bienveillant qu'elle apportait dans ses conquêtes, ainsi que les bienfaits de tout ordre qui en rachetaient en partie l'odieux. Ces violences et ces injustices étaient peut-être nécessaires pour échauffer un patriotisme encore incertain. Elles ne nous suggéreront qu'une remarque : elles attestent ce qu'il y a eu de lent et d'imparfait dans le mouvement national de l'Allemagne. Des provocations incessantes à la haine de l'esprit français avaient pu seules produire ce mouvement sous sa forme littéraire ; il fallut plusieurs années de provocations semblables à la haine de la France elle-même pour qu'il prît définitivement sa forme patriotique. La Prusse, écrasée à Iéna, ne compte que sur la Russie pour se relever, et quand son alliée est vaincue à son tour, elle se laisse mutiler et presque détruire sans oser faire appel à ses peuples ni aux autres peuples allemands. L'Allemagne, dépouillée de ses institutions communes et bouleversée dans les démarcations de ses divers états, voit ses princes et ses personnages les plus illustres grossir la cour du conquérant à Erfurt, et parmi eux son plus grand poète se retirer tout fier du compliment impérial : *Monsieur Goethe, vous êtes un homme* ! Napoléon dans les guerres suivantes a pour alliées la plupart des puissances allemandes ; il dispose des armées allemandes comme de ses propres armées.

La défection ne commence qu'après les désastres de la campagne de Russie ; elle se couronne par la trahison des Saxons sur le champ de bataille de Leipzig ; la délivrance elle-même n'est assurée qu'à la faveur d'une coalition de toute l'Europe, et les peuples allemands ne s'affranchissent d'un joug étranger qu'en subissant à l'intérieur les délimitations arbitraires du congrès de Vienne et la réaction de l'ancien régime. Que l'on compare ce mouvement à demi avorté avec cet autre réveil d'une nation dont la France donne le spectacle depuis cinq mois. Toutes ses armées régulières sont anéanties ; mais elle reste debout, comptant encore sur le patriotisme de ses citoyens pour sauver sinon son intégrité, au moins son honneur. Sa population tout entière est prête à tous les sacrifices, ne se plaignant que de la timidité avec laquelle ils lui sont demandés. Elle peut succomber ; mais l'orgueil du roi Guillaume ne va pas jusqu'à supposer qu'elle puisse subir son alliance, lui prêter des armées, lui envoyer à Versailles d'illustres courtisans, et se tenir pour honorée d'un compliment ou d'un sourire tombé de ses lèvres victorieuses sur M. Thiers ou M. Victor Hugo. Elle garde sa fierté intacte dans ses revers ; elle ne l'eût pas abdiquée pour prix de sa délivrance. Elle n'a pas mendié l'appui d'une coalition européenne, et il ne saurait venir à la pensée de personne qu'elle eût pu l'acheter en laissant ses alliés mettre la main sur ses destinées intérieures.

II.

Les Allemands, affranchis de la domination française, n'avaient plus aucun prétexte de haine contre la France. Ils ne trouvaient parmi nous, malgré leur participation active et passionnée à nos revers, que bienveillance et désir de rapprochement. *L'Allemagne* de M. de Staël donnait l'impulsion à un mouvement intellectuel qui mettait en honneur parmi nous les systèmes métaphysiques, les théories littéraires et les créations poétiques d'outre-Rhin, et qui contribuait, en les revêtant de notre esprit et de notre langue, à les faire goûter du reste du monde.

Dans l'ordre politique, un intérêt commun unissait les deux peuples ; ils avaient également à se dégager de l'ancien régime, et la tâche était plus ardue pour l'Allemagne que pour la France. La première était réduite aux conspirations, quand la seconde avait une tribune et une presse à peu près libres. Aussi toutes les espérances des libéraux allemands étaient-elles tournées de notre côté, et Paris était de nouveau, comme en 1789, cette « capitale du monde » dont l'auteur de *Hermann et Dorothée* avait proclamé la légitime prééminence. Les deux révolutions que la France a faites dans notre siècle, en 1830 et en 1848, ont donné le branle à des tentatives du même genre en Allemagne.

Il n'est que trop vrai que nous avons cessé, à partir de 1848, de marcher à la tête du libéralisme européen. Le parti libéral, dont les conquêtes depuis 1815 avaient rétabli notre influence morale dans le monde, s'est effondré en un jour sous l'empire d'une soudaine terreur, et, quand il a cherché à se reconstituer, il n'a plus guère été pendant longtemps qu'un état-major sans soldats. Il semblait que la France n'eût plus le choix qu'entre deux extrêmes, la démagogie et le césarisme, et ni l'un ni l'autre n'étaient faits pour lui conserver les sérieuses sympathies des peuples ; mais rien du moins dans cette défaillance, qu'elle expie si cruellement, n'autorisait leur haine. En se jetant de nouveau dans les bras d'un Napoléon, elle n'obéissait qu'à une pensée de réaction, non à l'ambition des conquêtes. Le second empire n'obtenait sa confiance qu'en lui promettant l'ordre et la paix ; il ne l'entraînait dans des guerres qu'en leur donnant un but libéral. Elle se consolait de la perte de sa liberté en se passionnant pour la liberté des autres, et, parmi les principes de sa révolution, il en était un auquel elle restait fermement attachée, — le droit des nations à disposer d'elles-mêmes. Elle devait dès lors se croire à l'abri de toute inimitié nationale : l'Allemagne seule portera devant l'histoire la responsabilité de la haine continue et croissante qu'elle nous a gardée depuis la chute de Napoléon Ier.

La littérature a encore été l'instrument de cette haine. L'esprit allemand ne connaissait plus de limites dans son ambition. Il n'aspirait qu'à l'indépendance quand il nous injuriait au XVIIIe siècle ; il prétendait à la domination quand il reproduisait et aggravait ses injures au XIXe. Par réaction contre les théories cosmopolites de l'âge précédent, une philosophie de l'histoire s'était produite, qui opposait les races aux races, les nations aux nations, les époques aux époques. C'est la doctrine hégélienne ; mais elle n'appartient en propre ni à Hegel ni même à l'Allemagne. Le premier n'a fait que donner une forme systématique à une tendance qui se montre partout chez les historiens et chez les penseurs de la première moitié de ce siècle, et la seconde l'a poussée à son profit aux conséquences les plus extrêmes. Trois axiomes ont cours en Allemagne ; le premier affirme la supériorité de la race germanique sur toutes les races européennes, — le second, la supériorité de la nation allemande sur toutes les nations d'origine germanique, — le troisième, la consécration, dans l'époque actuelle, de cette double supériorité ! Qu'il s'agisse de philosophie ou de science, de critique historique ou philologique, ces trois axiomes manquent rarement de se produire. Or l'esprit allemand a beau s'attribuer la primauté dans tous les genres, il n'a pas cessé d'être jaloux de l'esprit français. Il hait en lui des qualités qu'il n'a jamais su s'approprier et une influence encore sans égale sur la civilisation universelle. Il lui en veut des services mêmes qu'il en reçoit. Il souffre de voir ses propres productions faire plus aisément leur chemin quand elles portent une empreinte française. Il n'est pas loin de croire que nous lui faisons tort quand nous travaillons à les faire connaître. Il nous accuse d'étroitesse quand nous ne les comprenons pas, de platitude quand nous les comprenons trop bien. Il répugne d'autant plus à notre clarté qu'il a souvent besoin du demi-jour pour s'abuser lui-même et pour abuser les autres sur sa profondeur. Il affecte de nous mépriser ; mais sous le mépris se cachent l'envie et la rancune mal dissimulée de l'orgueil blessé.

C'est en effet l'orgueil blessé qui a fait depuis cinquante ans le fond de toute la haine des Allemands contre nous. Leurs politiques étaient jaloux de notre gloire militaire et du rôle considérable que nous jouions encore dans le monde, comme leurs lettrés de notre gloire littéraire et de l'influence universelle de notre esprit. Ces deux jalousies se sont venues sans cesse en aide, tout politique allemand étant doublé d'un lettré et tout lettré aspirant à être un politique. Elles se confondent dans l'irritation que leur cause toujours ce nom de grande nation que nos revers de 1813, de 1814 et de 1815 n'ont pu nous faire perdre, et que nous garderons encore, je l'espère, après nos revers de 1870 et de 1871. L'Allemagne ne prend ombrage ni de la grandeur de la Russie ni de celle de l'Angleterre ; l'intelligence a trop peu de part à la première, et la seconde repose sur des bases qui ne sont pas l'objet immédiat de l'ambition germanique. La France seule offre la réunion de toutes les gloires auxquelles prétend cette ambition. Elle est la seule rivale que l'Allemagne ait en vue dans ses rêves de domination, et une rivale d'autant plus odieuse qu'elle-même, il n'y a pas longtemps encore, bien loin de s'alarmer de cette rivalité, lui faisait à peine l'honneur de la soupçonner.

Les Allemands considèrent comme un fait accompli leur suprématie dans le champ de la pensée ; ils s'accusent eux-mêmes de leur lenteur à l'établir dans le champ de l'action. Ils se reprochaient, avant de s'être mis sous la conduite de M. de Bismarck de n'avoir réalisé jusqu'à présent que le type du héros de Shakespeare, Hamlet, un étudiant de Wittemberg, l'honneur de sa famille et de son pays pour l'intelligence et pour la culture, mais qui ne sait que méditer sur l'être et le non-être, tandis que d'autres font des révoltions et des conquêtes. Pour secouer leur torpeur, ils continuaient à évoquer, comme en 1813 mais sans les mêmes motifs et pour un but moins légitime, le fantôme de l'ambition française. Ils se disaient et ils s'efforçaient de se croire menacés par nous pour s'exciter à fonder leur grandeur sur la ruine de la nôtre. Quel prétexte avons-nous donné à ces alarmes factices ? Un seul est spécieux : c'est le regret que nous a laissé la perte de nos anciennes frontières. Je ne veux point nier ce regret. Ça a été pour nous une blessure toujours saignante que cet amoindrissement de notre territoire qui nous était imposé par une double invasion, et qui nous laissait sans cesse exposés, avec des défenses insuffisantes, à des invasions nouvelles. Nous supportions avec peine notre affaiblissement ; nous ne souffrions pas moins de nous voir enlever non de pures conquêtes, comme la Westphalie ou le Piémont, mais des provinces qui s'étaient librement associées à toutes nos destinées, et que nous avions le droit de considérer comme devenues tout à fait nôtres. Nous attendions un retour de fortune qui nous les rendît ou plutôt qui leur permît de nous revenir, car nous ne voulions pas faire violence à leurs vœux, et toutes nos revendications partaient de l'hypothèse que ces vœux nous étaient acquis. Cette hypothèse n'était-elle qu'une illusion ? Elle l'est devenue sans aucun doute depuis que les provinces rhénanes se sont consolées d'être prussiennes en se berçant des espérances du patriotisme allemand ; mais tous ceux qui les ont parcourues de 1815 à 1848 savent quelles sympathies pour la France entretenait encore l'antipathie pour la Prusse. Le tort de beaucoup de Français a été d'ignorer les dispositions nouvelles qui se sont produites depuis une vingtaine d'années sur les bords du Rhin. L'Allemagne a trop prouvé dans ces derniers temps qu'elle ne se doutait pas du véritable état moral de la France pour avoir le droit de nous reprocher cette ignorance. Elle ne pouvait d'ailleurs nous faire un crime d'illusions inoffensives qui excluaient toute pensée d'annexion forcée. Notre respect de l'indépendance des peuples suffisait pour la rassurer contre notre ambition prétendue, si elle n'avait vu, sur d'autres points, dans ce respect même, une menace pour sa propre ambition. Elle s'est indignée quand nous avons pris en main, avec une générosité imprudente peut-être, mais honorable, l'affranchissement de l'Italie : l'Italie libre, c'était l'Italie soustraite à une influence allemande, c'était un empiétement sur le droit de la race germanique à dominer, comme race supérieure, les races inférieures du midi ; un tel droit ne primait-il pas celui des Lombards et des Vénitiens ? Même indignation quand nous avons protesté contre le démembrement du Danemark : le Slesvig ne s'appartenait plus du moment que sa population s'était grossie d'Allemands, à qui seuls appartenait la souveraineté au nom de la philosophie de l'histoire. Même indignation encore avec plus de colère quand nous nous sommes émus de Sadowa, *qui ne nous regardait pas*, suivant M. de Bismarck : à quoi en effet songeait-on en France en prenant parti pour ces petit états, autrefois nos alliés et nos protégés, qui disparaissaient sans être consultés, en vertu du seul droit de la force ? En reprochant à notre gouvernement d'avoir coopéré par l'indécision ou plutôt par la duplicité de sa politique à cette œuvre d'iniquité, on se contentait cependant de la flétrir ; on l'acceptait dans ses effets présents, et, contre ses effets futurs, la France réclamait seulement des mesures de précaution que nous n'avons pas su prendre. Avions-nous tort de nous alarmer ? L'événement a prouvé de quel côté étaient les dangers et d'où partaient les menaces. La conduite de la Prusse depuis 1866 a provoqué de notre part une attitude hostile, et nous a menés par surprise à une déclaration de guerre ; mais nous n'en voulions pas à l'Allemagne elle-même, et nous comptions dans cette guerre, sinon sur sa neutralité, du moins sur sa modération. Nous la connaissions mal : elle n'attendait qu'une occasion pour abaisser et, s'il était possible, pour écraser la France.

Dès 1835, Henri Heine, cet enfant terrible de l'Allemagne, nous mettait en éveil contre le déchaînement des ambitions allemandes.

« Prenez garde ! s'écriait-il, je n'ai que de bonnes intentions, et je vous dis d'amères vérités, vous avez plus à craindre de l'Allemagne délivrée que de la sainte-alliance tout entière avec tous les Croates et les Cosaques. »

Depuis ces paroles presque prophétiques, sous leur ironie même, combien d'autres avertissements nous sont venus, qui n'ont pas été mieux entendus ! La haine des Allemands contre nous n'a jamais manqué de faire explosion dans toutes les complications européennes, en 1840 avec *le Rhin allemand* de Becker, en 1859 avec la célébration bruyante dans les principales villes d'Allemagne de l'anniversaire de la bataille de Leipzig. Il m'a été donné d'assister à une de ces fêtes à Munich en 1860. Elle avait lieu dans un jardin public, au fond duquel, sur une estrade, un orchestre jouait des airs nationaux et des chœurs répétaient les chants de guerre de 1813, entremêlés de poésies de circonstance où nous n'étions pas plus ménagés. Derrière l'estrade, une pièce d'artifice avec accompagnement de feux de Bengale termina la fête par le tableau de la bataille. Dans toute l'étendue du jardin, d'honnêtes bourgeois avec leurs femmes et leurs enfants, groupés autour de petites tables, fumant leurs pipes, mangeant du jambon et buvant de la bière, n'interrompaient leurs paisibles causeries que pour chanter à pleins poumons les refrains des chœurs. Nulle émotion à la présence d'un Français qui avait mis très ostensiblement dans sa poche le ruban aux couleurs nationales allemandes qu'on lui avait donné à l'entrée, comme aux autres assistants, et qui ne répondait qu'en français, soit aux organisateurs, soit à ses voisins. Je me représentais la présence d'un Anglais dans une fête du même genre à Paris, lors d'un de nos accès de fureur contre l'Angleterre : quelles clameurs, quelles menaces n'auraient pas été préférées ! Les violences n'eussent été chez nous que la fièvre d'un jour ; le calme enthousiasme de ces bourgeois de Munich attestait la conviction lentement formée, mais inébranlable, d'un devoir rempli, et comme l'observation d'une consigne dans la façon de le remplir.

Une extrême ténacité dans les idées, une discipline uniforme et sévère dans l'exécution, se cachent en effet sous la fausse bonhomie des Allemands. De là cette facilité avec laquelle ils se sont prêtés à deux institutions auxquelles résiste ailleurs l'indépendance, ou, si l'on veut, l'égoïsme de l'esprit de famille : la double et universelle obligation de l'instruction et du service militaire. La combinaison de ces deux institutions appartient en propre et depuis longtemps à la Prusse ; elle s'est étendue, à partir de 1866, au reste de l'Allemagne. Les pays qui l'ont adoptée y ont puisé une grande force, ils y ont trouvé aussi, nous l'avons appris à nos dépens, le plus formidable instrument de guerre contre la France. Il n'y a qu'à lire les rapports adressés sans relâche de 1866 à 1870 par un observateur aussi exact que compétent,

M. le baron Stoffel, au gouvernement impérial français ; ils font peser sur ceux qui les ont reçus et qui n'en ont pas tenu compte une terrible responsabilité. Nous ne les oublierons plus, ces propositions dans lesquelles notre attaché militaire à Berlin résumait, il n'y a pas un an, l'opinion courante en Prusse, et dont un incroyable aveuglement devait si tôt nous condamner à voir sur notre sol le commentaire en action : « L'armée est une école qui achève et confirme, pour l'usage de la vie pratique, les principes puisés dans les autres écoles. — Les institutions militaires prussiennes mettent à la disposition du roi toutes les forces intellectuelles du pays. — La Prusse n'est pas un pays qui a une armée, c'est une armée qui possède un pays ! »

M. Stoffel exagère sans doute, avec les préjugés de sa profession, les mérites d'une éducation militaire qui n'a produit, suivant la forte expression de M. Jules Favre, qu'une sorte de « barbarie scientifique» ; mais il n'en exagère pas l'effet, sinon pour former à toutes les vertus, du moins pour plier à l'obéissance et à la règle le caractère d'une nation. L'armée prussienne a discipliné la nation qu'elle possède au lieu d'être possédée par elle, et il faut ajouter qu'elle l'a disciplinée dans la haine de la France. Quelque docile que fût un tel peuple, la charge universelle du service militaire ne pouvait lui être imposée sans qu'il eût ou qu'il crût avoir un intérêt à la subir.

Après Iéna et Tilsitt, l'ardeur de la délivrance parlait assez haut pour dispenser de tout autre motif ; mais, une fois l'oppresseur chassé et sa puissance brisée, qu'allait devenir cette organisation, sans laquelle la Prusse ne pouvait maintenir son rang et étendre son influence en Allemagne et en Europe ? Elle s'était fondée au cri de *guerre à la France* ; il fallait pour la conserver que le même cri trouvât toujours de l'écho dans les cœurs prussiens, et pour cela que l'ambition française leur fût toujours présentée comme un épouvantail et un objet d'aversion. L'instruction obligatoire nourrit dans ces sentiments les jeunes générations ; elle leur fait accepter sans se plaindre toutes les exigences du métier de soldat ; elle trouve enfin dans ce métier lui-même son complément et sa consécration. Dès lors la nation est faite ; elle façonnera sans peine à son image les autres peuples allemands, déjà préparés à suivre son exemple par une instruction qu'anime le même esprit. Et quand la confédération du nord et ses alliés du sud auront puisé dans une commune discipline l'oubli de leurs divisions, ils pourront se ruer sur la proie détestée qui s'offre imprudemment à eux ; ils sont organisés pour la victoire et sans scrupule pour tous les abus de la victoire.

III.

Nous portons la peine d'une agression impolitique et le poids d'une haine imméritée. L'agression, d'ailleurs plus apparente que réelle, a été l'erreur d'un moment, et cette erreur même a été le fait d'un homme, non d'un peuple ; mais la haine est le sentiment invétéré d'une nation entière.

Nous ne voulons pas invoquer ici la série d'actes odieux par lesquels cette haine s'est manifestée depuis six mois. Beaucoup sont contestés, ceux même qui ne semblent pas douteux peuvent être l'effet de malentendus ou de ces excès individuels qui se produisent dans toutes les guerres, et que la discipline la plus rigoureuse est trop souvent impuissante à empêcher ou à punir. Nous instruisons le procès non des soldats allemands, mais de la nation elle-même. Ce qu'ont voulu nos ennemis dès le début de cette guerre, ils nous l'ont dit assez haut par la voix de leurs savants les plus éminents. Les plus modérés ne se contentaient qu'au prix du démembrement et surtout de l'humiliation de la France, les plus ardents appelaient sur elle la ruine et l'extermination. Vaincue et acceptant sa défaite, elle était résignée à tous les sacrifices compatibles avec ses principes pour expier une faute dont elle-même avait puni le premier auteur : le vainqueur lui a fait comprendre qu'il en voulait à elle seule et qu'il serait implacable. Forcée à la résistance, ses plus légitimes efforts n'ont rencontré que le mépris et l'outrage chez ceux dont les ancêtres, dans une lutte semblable soutenue contre nous-mêmes, n'avaient reçu de nous que des témoignages d'estime. Et quand un tiers de notre territoire offrait partout le spectacle de la dévastation systématique, de l'incendie et du carnage, quand Paris, étroitement investi, ne pouvait communiquer à travers les airs avec le reste du monde qu'en exposant ses messagers au sort des malfaiteurs, l'opinion publique en Allemagne, par une cruelle ironie, taxait de modération le pieux roi Guillaume, ses conseillers et ses généraux ; elle réclamait avec insistance, comme une satisfaction qui lui était due, le bombardement aussi inutile qu'odieux de nos monuments, de nos hôpitaux et de nos maisons ; elle indiquait comme but au tir des artilleurs allemands les tours de Notre-Dame, et elle se préparait à elle-même, dans les émotions diverses qui devaient agiter les riches bourgeois et les pauvres ouvriers, à la vue de leurs meubles en feu ou de leurs enfants écrasés, un curieux sujet d'études « psychologiques ».

Ce duel à outrance de deux nations reçoit d'un enchaînement de causes — dont nous ne pouvons encore percer le mystère une conclusion imprévue qui trompe à la fois les espérances des deux adversaires : il serait vain dépenser que ce dénouement, quelle qu'en soit la nature, mettra fin à la haine qui s'est appesantie sur nous en un jour de malheur, après s'être préparée et fortifiée pendant un siècle ; nos ennemis ne nous croiraient pas, si nous affirmions qu'il mettra fin à la nôtre.

Notre région de l'est avait gardé le souvenir de la dureté des Prussiens en 1814 et en 1815, et leurs envahissements depuis quelques années avaient révolté tout ce qui a en France l'intelligence politique et le sentiment de la justice, mais nous avions contre eux du ressentiment plutôt que de la haine, et quant à l'Allemagne elle-même, elle n'avait pas cessé de nous être sympathique. Lorsque la guerre est devenue imminente et dans sa première période, quelques publicistes tapageurs et quelques serviteurs à gages de l'empire se sont donné la tâche, plus ridicule qu'efficace, de surexciter parmi nous les passions par des injures et des rodomontades à l'adresse de l'ennemi, qui n'était encore pour eux que le Prussien, non l'Allemand. Nul publiciste sérieux, nul de nos hommes d'état et de nos savants ne s'est associé à ces violences, qui n'ont eu aucune prise sur la masse de la nation. L'irritation n'est entrée dans nos cœurs qu'après nos premières défaites ; elle n'est devenue de la haine que lorsque la guerre après le désastre de Sedan et l'entrevue de Ferrières a changé de nature en devenant une agression directe, sans excuse, contre l'intégrité de notre territoire et les derniers restes de notre puissance. Et à ce moment encore la plupart des Français s'efforçaient de distinguer entre la Prusse et l'Allemagne ; il a fallu que tous les peuples allemands nous donnassent sous nos yeux des preuves multipliées de leur mauvais vouloir pour nous forcer à les comprendre dans nos justes sentiments d'indignation. Aujourd'hui l'œuvre est faite. Allemands du nord ou du midi, tous ont mérité notre inimitié.

Les uns pour être malfaisants
Et les autres pour être aux méchants complaisants.

Par malheur, cette haine subsistera, car elle est légitime. Ses causes nous seront longtemps présentes dans toutes les ruines que la guerre a faites, et, quand ces ruines seront réparées, nos souvenirs de deuil et d'humiliation, les récits que nous demanderont nos enfants, la place que tiendra dans l'histoire cette chute soudaine d'une grande nation dont l'honneur seul a été sauf, ne nous laisseront jamais oublier ce que nous avons souffert et à qui nous le devons. Notre patriotisme s'est réveillé avec nos premiers ressentiments ; il fera de toutes nos amertumes son constant aliment dans ses efforts pour nous relever, et il n'aura pas à en rougir. La haine, disent les philosophes, est fille de l'amour, et lorsqu'elle prend naissance dans l'amour de la patrie, elle est ennoblie par son origine. Le patriotisme serait plus pur sans doute, s'il n'était qu'amour, s'il se conciliait, sans s'énerver, avec cette charité du genre humain, *caritas generis humani*, que glorifiait déjà Cicéron. Quand il est fortement enraciné dans l'âme d'une nation, il n'y a rien à craindre d'un tel mélange. Les nobles sentiments se prêtent un mutuel concours. Nos pères de 1789 n'aimaient pas moins la France, et ils n'ont pas lutté avec moins de zèle pour sa liberté et pour sa grandeur, parce qu'ils avaient sans cesse à la bouche les mots d'humanité et de fraternité des peuples. Ce qui nous a perdus dans ces dernières années, ce n'est pas d'avoir pris trop de souci des autres, c'est d'avoir pris trop peu de souci de nous-mêmes. Réveillés par un coup, de tonnerre, nous n'abdiquerons aucun de nos devoirs ; mais nous les accepterons tels qu'une affreuse réalité nous les a faits, sans viser à un idéal qui n'est plus de saison : ce n'est pas notre faute s'il s'y mêle autre chose que des pensées d'union et de bienveillance universelle.

Notre haine est juste dans ses causes ; elle le sera dans ses effets, elle ne prendra point la forme du dénigrement. Nous continuerons à honorer chez nos ennemis tout ce qui sera vraiment digne d'estime. Pendant ce siège même, des concerts donnés pour en soulager les misères ou pour venir en aide à la défense nous ont fait applaudir, sans offenser notre patriotisme, des œuvres allemandes ; nous apporterons la même impartialité dans nos jugements futurs sur la littérature, sur les sciences, sur les institutions mêmes de l'Allemagne. Nous ferons mieux : nous puiserons plus largement que nous n'avons fait jusqu'ici dans tout ce qu'elle offrira à notre imitation ; notre première vengeance sera de lui demander des armes contre elle-même. Elle nous a vaincus par ses écoles, par son organisation militaire, par son esprit de discipline : sur aucun de ces points, sans abdiquer nos qualités propres, nous ne voudrons lui rester inférieurs, et nous ne désespérerons pas de la surpasser. Nous ne chercherons pas d'autre part une mesquine et funeste satisfaction dans le rejet systématique de tous les produits de son industrie. Nous userons seulement de prudence dans des relations commerciales ou industrielles qui auraient tout à craindre d'une rupture toujours imminente, et il suffira de nous abstenir d'une cordialité qui répugnerait à notre patriotisme. Il faudra nous dispenser avec plus de soin encore, sous la seule pression du sentiment public, de cette coûteuse hospitalité qui a entretenu dans nos murs, dans nos ateliers et jusque dans nos foyers un peuple d'espions.

Nous garderons la même réserve dans nos relations politiques. Nous ne nous abaisserons pas aux tracasseries ; nous ne chercherons pas des prétextes de guerre, mais nous nous tiendrons toujours préparés à faire servir à notre revanche la défense d'une juste cause. Nous ne persisterons pas dans ce système ruineux qui nous imposait dans la paix les charges de la guerre sans nous servir efficacement pour la guerre elle-même : quand il ne serait pas jugé par ses fruits, nous ne pourrions plus de longtemps le supporter. Nous saurons, en évitant l'excès du militarisme, armer et discipliner la nation entière.

Nous ne serons plus simplement « un pays qui a une armée, » et nous ne voudrons pas davantage être « une armée qui possède un pays ; » nous serons tout ensemble un peuple de citoyens et de soldats, réunissant sans les confondre et sans en sacrifier une seule toutes les mâles vertus qu'impliquent ces deux noms. En attendant l'heure propice, nous ferons à nos rivaux la seule guerre honorable que comporte l'état de paix ou de trêve, la guerre d'émulation. Ils ont voulu devenir une grande nation, et la fortune a souri à leurs efforts : nous mettrons toute notre intelligence et toute notre ardeur à nous élever de notre infortune présente, par le progrès continu de nos institutions, de nos mœurs, de notre industrie, de tous nos arts, de notre influence dans tous les genres, à un point de grandeur que nous n'avions pas encore atteint, auquel ils ne sauraient prétendre, et, puisque la lutte entre eux et nous a été surtout une lutte d'orgueil, si jamais nous devons nous sentir suffisamment vengés, ce sera quand nous leur aurons arraché l'aveu de notre supériorité reconquise.

Nous avons encore assez de ressources matérielles et morales pour que cette suprême espérance ne soit pas la dernière chimère d'un joueur ruiné. Nous n'avons qu'à continuer ce que nous avons su faire depuis cinq mois et ce qui nous eût peut-être sauvés dès à présent, si nos chefs avaient moins douté de notre sagesse et de notre fermeté : ne pas nous abandonner nous-mêmes.

www.ingramcontent.com/pod-product-compliance
Lightning Source LLC
LaVergne TN
LVHW011401080426
835511LV00005B/378